Karin Gündisch

Im Land der Schokolade und Bananen

Karin Gündisch

IM LAND DER SCHOKOLADE UND BANANEN

Zwei Kinder kommen in ein fremdes Land

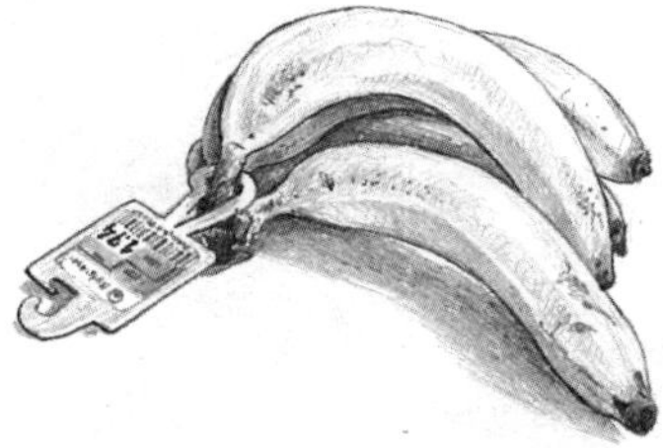

Bilder von Peter Knorr

BELTZ
& Gelberg

Karin Gündisch, geb. 1948 in Cisnàdie (in Siebenbürgen), Rumänien, studierte Deutsch und Rumänisch in Bukarest. Dort arbeitete sie als Deutschlehrerin, nebenbei war sie freie Mitarbeiterin in der rumänisch-deutschen Presse, bei Rundfunk und Fernsehen, veröffentlichte Kindergeschichten und arbeitete an Deutsch-Lehrbüchern mit. Seit November 1984 lebt sie in der Bundesrepublik, zunächst in Freiburg, heute in Bad Krozingen. Für »Geschichten über Astrid« erhielt Karin Gündisch den Peter-Härtling-Preis für Kinderliteratur 1984.

Peter Knorr, geb. 1956 in München, studierte Kunsterziehung in Mainz und schloß Anfang 1986 seine Ausbildung ab. Seither lebt er als freischaffender Zeichner und Illustrator in Bischofsheim bei Mainz.

Vorabdruck einiger Kapitel aus diesem Buch im Kindermagazin »Der Bunte Hund«.

 Programm Beltz & Gelberg, Weinheim
Lektorat Cornelia Krutz-Arnold
Einband von Wolfgang Rudelius, Friedberg,
unter Verwendung einer Vorlage von Peter Knorr
Gesamtherstellung Druckhaus Beltz, 6944 Hemsbach
Printed in Germany
ISBN 3 407 80169 6

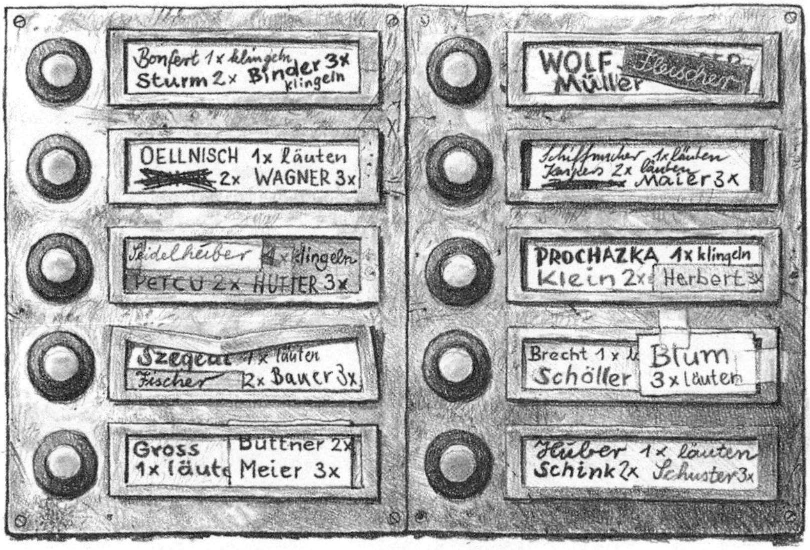

Ich habe diese Geschichten geschrieben, während ich in einem Übergangswohnheim für Spätaussiedler wohnte. Da lernt man viele Leute kennen. Sie haben mir erzählt, was sie in der Bundesrepublik erlebt haben, und ich habe aus ihren Erzählungen Geschichten gemacht. In diesem Buch erzähle ich also nicht die Geschichte meiner Familie, sondern die Geschichte vieler Spätaussiedlerfamilien. Vielleicht auch die Geschichte der Spätaussiedler, die in Eurer nächsten Nähe wohnen. Und die Geschichte der Kinder aus Rumänien, Polen oder aus der Sowjetunion, die in Eurer Klasse sind.

Karin Gündisch

Der Abschied

Der Abschied von den Großeltern ist schwer.

Ich verstehe nicht, warum wir wegfahren, sagt Ingrid. Es geht uns hier doch gut. Wir haben alles, was wir brauchen.

Die Mutter widerspricht nicht.

Laß nur, es ist schon gut, daß ihr fahrt, sagt die Großmutter, nur daß ihr ein Jahr nicht zu Besuch kommen könnt, das ist schrecklich. Davor habe ich Angst.

Ein Jahr vergeht schnell, sagt die Mutter.

Es vergeht nicht schnell, wenn man wartet, sagt die Großmutter leise.

Ingrid fragt die Mutter: Warum hat die Großmutter Angst vor diesem Jahr? Wir haben bis jetzt ja auch in einer anderen Stadt gewohnt.

Die Großmutter ist alt, und sie hat Angst, daß sie vielleicht krank wird oder daß sie stirbt, und dann können wir nicht zu ihr kommen.

Warum hat sie das nicht früher gesagt?

Sie hat es gar nicht gesagt, aber ich weiß, was sie denkt.

Warum kommt sie nicht mit uns?

Sie ist zu alt. Sie hat in diesem Haus fünfundsechzig Jahre gelebt. Sie kann sich nicht entschließen, ihr Haus zu verlassen.

Warum müssen wir dann nach Deutschland fahren? fragt Ingrid und ist ganz unglücklich.

Das kannst du noch nicht verstehen, sagt die Mutter, und Ingrid versteht es wirklich nicht.

Als sie sich von den Großeltern verabschieden, weinen

alle. Großmutters Körper wird von Weinkrämpfen geschüttelt. Sie hält Ingrid fest an sich gedrückt. Ingrid zittert in Großmutters Armen, und eine Stunde später weint sie noch immer, und niemand und nichts kann sie trösten. Ingrid weint so lange, bis der Schlaf alles auslöscht.

Die Grenze

Ingrid, Uwe und ihre Eltern sind noch nie über die Grenzen ihres Landes hinausgekommen.

Wenn wir einmal über die Grenze sind, hatten sie oft gedacht und dabei Erwartung empfunden. Nun sind sie an der Grenze. Der Zug hält. Geräusche, die sie nicht zu deuten wissen, dringen an ihre Ohren. Es ist vier Uhr morgens. Das plötzliche Stehenbleiben des Zuges, diese ruckartige Bewegung und das Kreischen der Räder reißen die Kinder aus dem Schlaf. Im Abteil ist Licht. Die Mutter kämmt sich vor dem kleinen Spiegel an der Wand. Ingrid und Uwe wollen weiterschlafen.

Wir sind an der Grenze, sagt die Mutter.

Uwe reibt sich die Augen, klettert von der Liege und preßt sein Gesicht an die Fensterscheibe. Er sieht nichts. Es ist dunkel draußen. Vielleicht ist auch Nebel. Enttäuscht sagt er: Man sieht nichts.

Es gibt auch nichts zu sehen, sagt die Mutter. Die Grenze ist ein Bahnhof.

Der Vater will hinaus auf den Gang.

Sie dürfen jetzt nicht auf den Gang, sagt der Grenzer.

Also bleiben alle vier im Abteil.

Hast du Angst? fragt Ingrid die Mutter.

Nein, wir brauchen keine Angst zu haben, sagt die Mutter.

Die Grenzer kommen. Sie kontrollieren die Pässe und durchsuchen das Abteil nach versteckten Flüchtlingen.

Die Zöllner kommen. Sie durchsuchen das Gepäck.

Haben Sie Gold, Geld, Dokumente, Kunstgegenstände bei sich? fragt der Zöllner.

Nichts haben sie. Nur einen Koffer mit Kleidern. Ein einziger Koffer ist nicht viel. Der Zöllner hat wenig Arbeit. Er grüßt und wünscht eine schöne Reise.

Das ist alles. Das ist die Grenze.

Nach langer Zeit setzt sich der Zug wieder in Bewegung. Die Mutter schaut zum Fenster hinaus. Es wird Morgen. Nebelfahnen flattern lautlos am Zug vorbei.

Wir sind in Ungarn, sagt die Mutter.

Freust du dich? fragt Ingrid.

Ich weiß nicht.

An was denkst du?

An die Grenze, die uns von deinen Großeltern trennt. Ein Jahr lang dürfen wir nicht zu Besuch.

Warum nicht? fragt Ingrid.

Weil es ein Gesetz gibt, daß Aussiedler ein Jahr lang nicht mehr nach Hause dürfen.

Sind wir Aussiedler?

Ja, seitdem wir über die Grenze sind, sind wir Aussiedler.

Bananen

Schon die dritte Nacht schlafen sie in einem anderen Bett: erst bei der Großmutter im großen Ausziehbett, dann auf der Liege im Zug und nun in einem Stockbett im Durchgangslager von Nürnberg. Das macht Ingrid und Uwe aber nicht viel aus. Wenn sie schlafen, dann schlafen sie, und wo das Bett dann steht, das ist ziemlich gleichgültig.

Am Morgen sind die Eltern nicht da, als Ingrid und Uwe aufwachen. Sie frühstücken allein.

Dann schreibt Uwe einen Brief an die Großeltern. Ingrid zeichnet das Durchgangslager: ein Hochhaus mit vielen Fenstern. Die Zeichnung will sie den Großeltern schicken.

Am Nachmittag gehen Ingrid und Uwe mit den Eltern in die Altstadt von Nürnberg. Die Eltern können sich nicht satt sehen an den alten Häusern. Ingrid und Uwe interessieren sich nicht für alte Häuser. Sie sind ungeduldig: Sie wollen Bananen. Deutschland ist das Land der Schokolade und der Bananen.

Ich weiß nicht, ob das Geld reicht, sagt der Vater, erst morgen bekommen wir Begrüßungsgeld. Er hat 1,75 DM in der Tasche und dann noch etwas rumänisches Geld, das nun wertlos ist.

Ingrid und Uwe geben die Hoffnung nicht auf. Vielleicht reicht das Geld doch für vier Bananen.

Sie gehen in ein großes Kaufhaus und nehmen einen Einkaufswagen. Sie sehen sich die vielen Lebensmittel an.

Die schön verpackten Lebensmittel. So viele Lebensmittel haben sie überhaupt noch nie gesehen. Sie rühren nichts an. Sie stehen still, sehen zu, wie andere Leute einkaufen, dann gehen sie vorsichtig die Regale entlang.

Ich denk, ich träume, sagt Ingrid. Sie streckt die Hand nach einem Becher Erdbeerjoghurt aus. Die Erdbeeren will ich, sagt sie.

Dann reicht das Geld nicht für die Bananen, sagt Uwe.

Ingrid stellt den Joghurt bereitwillig zurück. Ihr müßt mir aber versprechen, sagt sie, daß ihr mir den Erdbeerjoghurt ein andermal kauft.

Morgen bekommst du ihn, sagt der Vater.

Sie gehen zu den Bananen. Die Bananen hängen an einem Ständer, man kann sich selbst bedienen. Uwe und der Vater lesen die Preise vor: 2,30 DM, 2,80 DM, 1,90 DM, 1,74 DM. Vier Bananen für 1,74 DM. Uwe legt die Bananen in den großen, leeren Einkaufswagen und schiebt ihn zur Kasse.

Ingrid ist es übel von den vielen Gerüchen. Waschmittel- und Lebensmittelgerüche. Sie braucht frische Luft.

Der Vater zahlt an der Kasse. Er bekommt einen Pfennig zurück. Jedes Kind ißt zwei Bananen. Sie essen sie auf der Straße. Die Mutter und der Vater wollen keine Banane.

Ich habe mich schrecklich gefühlt, sagt die Mutter.

Ich auch, sagt der Vater.

Warum? fragt Ingrid.

Beim Sprachtest

Aus dem Durchgangslager von Nürnberg kommen Ingrid, Uwe und ihre Eltern in das Durchgangslager von Rastatt. Hier müssen sie zum Sprachtest. Erst müssen sie mit anderen Leuten warten, bis sie an die Reihe kommen. Die meisten Leute schweigen und blättern in Illustrierten. Ingrid und Uwe vertreiben sich die Zeit mit Rätselraten.

Sprecht leiser, sagt die Mutter.

Ihre Kinder sprechen aber gut Deutsch, sagt ein alter Mann.

Ja, sagt die Mutter, wir sprechen zu Hause Deutsch, und die Kinder waren in einer deutschen Schule.

Komisch, sagt Uwe. In Rumänien hat man sich gewundert, daß ich gut Rumänisch kann. Hier wundert man sich, daß ich gut Deutsch kann.

Ingrid hat ihre Fibel mitgebracht.

Der Beamte, der mit ihnen den Sprachtest macht, sieht sich Ingrids Fibel an.

Der erste Fibeltext ist die rumänische Staatshymne. Die müssen alle Kinder auswendig können. In Rumänien müssen die Schüler jeden Tag am Anfang und am Ende des Unterrichts die Nationalhymne singen. Der Beamte sagt, das wäre sehr gut so, und auch in der Bundesrepublik sollte das Deutschlandlied vor und nach dem Unterricht gesungen werden.

Die Mutter findet das Hymne-Singen nicht gut. Sie ist Lehrerin. Ihre Schüler mußten die Hymne nur dann singen, wenn sie sich auf dem Schulweg verspätet hatte.

Wenn der Bus nicht kam oder wenn er so voll war, daß eine Menschentraube an der Bustür hing, dann mußte die Mutter zur Schule laufen, und während sie sich verschnaufte, mußten ihre Schüler die Nationalhymne singen.

Meistens sang die Mutter mit ihren Schülern »Spannenlanger Hansel, nudeldicke Dirn« oder »Schwarzbraun ist die Haselnuß«. Im Frühling sang sie mit den Schülern »Winter, ade« und »Es tönen die Lieder«, und im Winter »O Tannenbaum«. Die Mutter war nämlich Deutschlehrerin in einer rumänischen Schule.

Die Nationalhymne konnten ihre Schüler gar nicht so gut wie die anderen Lieder. Wenn Inspektion kam, sangen sie zwei Strophen von der Hymne, dann die anderen Lieder, und es war immer gut so.

Daß Ingrid, Uwe und ihre Eltern gut Deutsch können, bemerkt der Beamte gleich.

Die Aussiedler aus Rumänien können alle gut Deutsch, sagt er, die Polen und die Russen müssen sehr oft die Sprache erst lernen.

Die Eltern müssen allerlei auf ein Papier schreiben.

Uwe und Ingrid langweilen sich.

Endlich dürfen sie gehen.

So war es beim Sprachtest.

Die Nachbarn

Ingrid, Uwe und ihre Eltern wohnen im staatlichen Übergangswohnheim von F. Sie wohnen mit noch zwei Familien in einer Dreizimmerwohnung, die kleiner ist als die Wohnung, in der sie bis jetzt allein gewohnt haben. Ihr Zimmer ist klein, aber es ist warm. In Rumänien mußten sie sich im Winter auch in der Wohnung dick anziehen. Seit zwei Wintern wurden die Heizkörper nicht mehr richtig warm. Der Winter in Rumänien ist hart, und der Brennstoff ist knapp. Im Übergangswohnheim werden die Heizkörper heiß, wenn man die Heizung andreht.

Die beiden anderen Familien in der Dreizimmerwohnung sind die Familie Klein und die Familie Prochazka. Sie kommen auch aus Rumänien.

Zur Familie Klein gehören: die Frau Klein, der Herr Klein und zwei große Jungen. Die Familie Klein ist am besten dran. Sie hat ein Zimmer und einen Balkon.

Die Familie Prochazka ist am schlechtesten dran, sie hat das kleinste Zimmer. Sie sind ja aber auch nur drei: der Vater, die Mutter und der kleine Prochazka, von dem Ingrid und Uwe nicht einmal den Namen wissen, weil der Junge den ganzen Tag im Kindergarten ist und weil die Frau Klein und die Frau Prochazka zerstritten sind. Darum darf der kleine Prochazka nicht aus dem Zimmer raus, und darum hat er auch keinen eigenen Namen.

Die Frau Klein wischt das Waschbecken immer glänzend sauber, die Frau Prochazka läßt Wassertropfen drin. Die Frau Klein sagt zur Frau Prochazka, sie soll das

Waschbecken trockenwischen. Der Herr Prochazka lacht. Dann sagt die Frau Klein: Warum lachen Sie so blöd? Denken Sie, wir sind Ihre Dummen?

Da lacht der Herr Prochazka erst so richtig laut, die Frau Prochazka wischt rasch einmal im Waschbecken, und beide verschwinden im kleinen Zimmer. Der Herr Klein sagt zur Frau Klein: Na, laß sie doch, und die Frau Klein regt sich noch mehr auf. Sie gehen in ihr Zimmer und reden dort ziemlich laut weiter. Ingrid und Uwe können nur noch die Stimmen hören, aber nichts mehr verstehen. Das tut ihnen sehr leid, denn es ist bestimmt sehr interessant, wie der Streit weitergeht. Die Mutter ist anderer Meinung. Sie sagt: Mich interessiert der Streit der Nachbarinnen gar nicht, und euch interessiert er auch nicht. Da irrt sich die Mutter. Obwohl sie gesagt hat, man muß wissen, wie es den Mitmenschen geht, schließt sie die Zimmertür, wenn Ingrid und Uwe sie öffnen, um zu horchen. Vielleicht sind die Frau Klein und die Frau Prochazka gar keine Mitmenschen, sondern nur Nebenmenschen.

Die Frau Klein war mit ihrer Familie zuerst in der Wohnung, also ist sie die Chefin. Das merkt man auch am Lüftungsprogramm. Sie öffnet die Fenster in der Küche, im Bad und auf der Toilette sperrangelweit. Die Frau Prochazka schließt die Fenster. Die Frau Klein öffnet wieder alle Fenster, und dann schließt die Frau Prochazka sie wieder. Uwe wettet, daß die Frau Klein mehr Ausdauer hat als die Frau Prochazka. Ingrid friert auf dem Klo und möchte, daß die Frau Prochazka mehr Ausdauer hat. Sie wetten um eine Tüte Gummibärchen. Uwe gewinnt, weil die Frau Prochazka früh schlafen geht, denn sie arbeitet in einem Geschäft und ist am Abend, wenn sie in die Küche kommt, todmüde. Ingrid gibt Uwe die Gummibärchen, er schenkt sie ihr aber großzügig zurück, weil er noch zwei Tüten hat und weil ihm die Gummibärchen nicht mehr so gut schmecken, seitdem er in Deutschland ist.

Die Mutter sagt, die Frau Klein läßt das Fenster im Klo offen in Erinnerung an den Lokus hinterm Haus in ihrer alten Heimat. Gegen solche Heimaterinnerungen könne man nichts tun.

Mit dem Klo gibt es auch noch andere Probleme. Manchmal ist es besetzt, und da Ingrid und Uwe sowieso immer zur gleichen Zeit aufs Klo müssen, rennen sie um die Wette. Ingrid rennt schneller. Sie sperrt Uwe die Tür vor der Nase zu. Uwe kommt ins Zimmer und jammert: Ich muß aufs Klo!

Du wirst noch warten können, sagt die Mutter.

Aber ich kann nicht mehr. Die Ingrid soll sich beeilen, sagt Uwe, preßt die Beine zusammen und macht ein gequältes Gesicht.

Die Mutter geht zur Toilette. Dort steht schon die Frau Klein. Mach schneller, sagt die Frau Klein zu Ingrid durch die Tür.

Wenn die Frau Klein vor der Tür steht, macht Ingrid auf jeden Fall schnell. Leider weiß Ingrid nicht, welches Klopapier ihrer Familie gehört: das graue, das weiße oder das rosa. Sie entscheidet sich für das rosa, weil es so handlich im Halter ist, während die beiden anderen Rollen auf dem Fenster stehen. Das rosa Papier gehört aber der Frau Klein. Die Frau Klein merkt auch gleich, daß Ingrid von ihrem Papier genommen hat, und sie schimpft mit Ingrid. Als die Mutter dazukommt, läuft Ingrid ins Zimmer. Die Frau Klein sagt, daß Ingrid das rosa Papier benützt hat, aber daß ihr das überhaupt nichts ausmacht, denn schließlich ist Ingrid ja noch ein Kind. Die Mutter entschuldigt sich und bedankt sich fürs Papier.

Uwe muß nun nicht mehr aufs Klo.

Ingrid sagt, daß die Frau Klein mit ihr geschimpft hat.

Es gibt jetzt zwei Wahrheiten: die von der Ingrid und die von der Frau Klein.

Die Mutter glaubt Ingrid. Sie sagt aber der Frau Klein nicht, daß sie eine Lügnerin ist, denn der Frieden ist das wichtigste.

Wenn die Frau Prochazka kocht, riecht man es im Zimmer nicht. Man merkt es nur nachher am schmutzigen Geschirr, das sie bis zum nächsten Tag auf ihrem Ofen läßt.

Mutter sagt, es ist ein Glück, daß die Nachbarinnen nicht auch den Herd teilen müssen und jede ihren eigenen Herd hat.

Wenn die Frau Klein kocht, riecht man es. Sie kocht nämlich schwäbische Nationalgerichte wie zum Beispiel mit Mehl eingedickte Kartoffeln, die sie in Schmalz brät. Das Schmalz ist noch vom eigenen Schwein, das sie nicht in der alten Heimat lassen wollte und von dem sie ein großes Glas Schmalz und die beiden Hinterbeine in die neue Heimat mitgebracht hat. Die Frau Klein sagt nämlich, daß das Schweinefleisch aus der alten Heimat besser schmeckt als das aus der neuen. Die Mutter sagt, daß ihr Schweinefleisch, das man kaufen kann, viel lieber ist als das Schweinefleisch aus der alten Heimat, das es nicht zu kaufen gibt.

Die Kinder möchten gern, daß sich die Mutter mit der Frau Klein streitet wie die Frau Prochazka, aber die Mutter tut ihnen den Gefallen nicht. Sie ist immer freundlich zur Frau Klein. Das können Ingrid und Uwe nicht verstehen, denn jedesmal, wenn die Frau Klein etwas in Schmalz brät, sagt die Mutter: Mir dreht sich der Magen um, ich halt das nicht mehr aus. Ich sag der Frau Klein, sie soll mit der Braterei aufhören.

Und dann sagt sie doch nichts.

Der Vater sagt, die Mutter muß sich gedulden, bis das Schmalzglas leer ist. Das Schmalz sei schon zur Hälfte verbraucht.

Die Mutter meint, der Vater macht sich lustig über sie, und dann streiten Vater und Mutter. Ingrid und Uwe sind erschrocken, denn das ist neu, aber schon nicht mehr ganz so neu, weil es in letzter Zeit öfter passiert.

Es gibt viel Neues und Ungewohntes in Deutschland.

Amtsdeutsch

Die Eltern müssen in den ersten Wochen im Heim ganz viele Papiere ausfüllen.

Das ist schwer.

Sie verstehen manche Sätze nicht.

Sind die Papiere nicht auf deutsch geschrieben? will Ingrid wissen.

Sie sind in einem besonderen Deutsch geschrieben, sagt die Mutter, in Amtsdeutsch. Das versteht nicht jeder.

Amtsdeutsch ist auch Deutsch.

Amtsdeutsch ist eine Sprache, in der man das Einfache kompliziert sagt.

So klingt es wichtiger.

Die Eltern rätseln herum, was einzelne Sätze bedeuten könnten. Was ist das, eine vorweggenommene Erbfolge? Sie wissen es nicht.

Dann fragt die Mutter den Herrn Klein, wie man die Papiere ausfüllen muß.

Der Herr Klein weiß es auch nicht.

Der Herr Prochazka kennt sich aber aus und hilft den Eltern. Auch die Beamten helfen den Eltern. Sie verstehen Amtsdeutsch, und sie können es auch erklären.

Das hätte ich nicht gedacht, daß der Herr Prochazka mehr Deutsch kann als eine Deutschlehrerin, sagt Ingrid.

Na, hör mal! sagt die Mutter. So ist das doch gar nicht! Der Herr Prochazka hat einfach mehr Erfahrung mit der Amtssprache und mit den Behörden, weil er schon länger da ist.

Wenn die Eltern am Tisch über den Papieren sitzen, müssen Ingrid und Uwe auf den Betten spielen. Sie müssen still sein.

Die Eltern brauchen Ruhe.

Die Eltern brauchen zuviel Ruhe in letzter Zeit, finden Ingrid und Uwe.

Bei den Ämtern

Im Heim gibt es eine Sozialarbeiterin. Sie begrüßt die Neuen und gibt ihnen einen Laufzettel für die verschiedenen Ämter. Sie erklärt ihnen, wie man zu den Ämtern hinkommt, und gibt ihnen auch Fahrkarten für die Straßenbahn.

Am ersten Ämtertag nehmen die Eltern Ingrid und Uwe mit.

Der Vater treibt zur Eile an, sie haben an diesem Vormittag viel vor. Zuerst müssen sie zur Bank, um ein Konto zu eröffnen. Sie haben bis jetzt noch nie ein Konto gehabt. In Rumänien haben die Eltern ihr Gehalt immer in die Hand ausgezahlt bekommen.

In der Nähe des Wohnheims ist eine Bank. Alle Aussiedler gehen zu der Bank, weil sie so nahe am Heim liegt.

Die Eltern von Ingrid und Uwe gehen auch hin.

Der Bankbeamte stellt dem Vater mehrere Fragen und schreibt die Antworten auf. Das ist alles. Der Vater unterschreibt ein Papier, auch die Mutter unterschreibt ein Papier, und dann ist das Konto eröffnet.

Von der Bank gehen sie zur Straßenbahn.

Sie sind allein an der Haltestelle.

Die Straßenbahn kommt bald. Sie hält, aber die Türen öffnen sich nicht. Und dann fährt sie weiter.

Warum hat der Schaffner die Türen nicht aufgemacht? fragt Uwe. Die Straßenbahn war ja leer!

Wenn ich das wüßte! sagt der Vater.

In Rumänien sind die Straßenbahnen oft durchgefahren, ohne die Türen zu öffnen, aber nur dann, wenn sie so voll waren, daß keiner mehr hineinging.

Der Vater schaut auf die Uhr. Es ist spät.

Es kommen noch andere Leute zur Haltestelle.

Als die nächste Straßenbahn kommt, drückt ein Mann auf einen Knopf an der Straßenbahntür, und die Tür öffnet sich.

Alle steigen ein.

Während der Fahrt studiert Uwe die Tür. Er entdeckt einen Knopf, unter dem »Halten« steht. Vor dem Aussteigen drückt er auf den Knopf, und die Tür öffnet sich.

Sie steigen aus.

Von der Straßenbahn gelangt man über eine Rolltreppe auf den Bahnhof. Rolltreppenfahren macht Spaß. Ingrid möchte wenigstens noch einmal auf und ab fahren. Die Eltern vertrösten sie auf ein andermal. Sie haben jetzt keine Zeit.

Auf dem Bahnhof gibt es einen Fotoautomaten, der Sofortbilder macht. Die Sozialarbeiterin hat gesagt, daß diese Bilder am billigsten sind.

Der Vater liest die Gebrauchsanweisung durch. Dann muß Ingrid in die Dunkelkammer.

Schau geradeaus, sagt der Vater, und lächle ein wenig. Wenn es blitzt, ist das Foto fertig.

Ingrid kann aber nicht lächeln. Ihr ist zum Heulen zumute. Sie hat Angst vor dem Blitz.

Mein Gott, sagt der Vater, es ist ja kein richtiger Blitz. Du wirst nur fotografiert.

Ingrid will heraus aus der Dunkelkammer.

Sie kommt raus.

Der Vater geht rein. Er wird fotografiert. Auch die Mutter wird fotografiert. Dann kommt Uwe dran und zuletzt Ingrid.

Die Fotos sind gleich fertig. Der Vater holt die noch feuchten Bilder aus dem Automaten.

Sie sehen sich die Bilder an.

Der Vater sieht aus wie ein Bankräuber auf einem Fahndungsfoto in der Zeitung.

Ingrid hat vor Schreck weit aufgerissene Augen.

Uwe ist nicht ganz drauf auf dem Bild, und die Mutter sieht aus wie eine alte Frau.

Was machen wir mit diesen entsetzlichen Bildern? fragt die Mutter.

Die kommen in den Ausweis, sagt der Vater. Es hat keinen Sinn, daß wir uns hier noch einmal fotografieren lassen. Außerdem müssen wir uns beeilen, denn die Ämter schließen um zwölf.

Vom Bahnhof bis zum Amt für Öffentliche Ordnung gehen sie zu Fuß. Es gibt auf dieser Strecke keine Straßenbahn und auch keinen Bus. Wer kein Auto hat, muß zu Fuß gehen.

Der Vater macht so große Schritte, daß Ingrid und Uwe hinter ihm herlaufen müssen. Die Mutter geht auch ganz schnell.

Sie kommen noch rechtzeitig an.

Die Beamtin ist sehr freundlich zu ihnen, obwohl sie von den Eltern nichts bekommen hat.

In Rumänien ist es gut, wenn man den Beamten ausländische Zigaretten, Seife, Schokolade oder Geld gibt. Dann sind sie freundlicher, und alles geht in Ordnung.

Muß man hier nichts geben? fragt Uwe, als sie wieder draußen sind.

Nein, sagt die Mutter, das ist nicht üblich. Daran muß ich mich erst gewöhnen.

Vom Amt für Öffentliche Ordnung bis zum Arbeitsamt fahren sie wieder mit der Straßenbahn.

Sie kommen zu spät.

Das Arbeitsamt war das wichtigste, sagt der Vater verärgert. Morgen bleiben die Kinder zu Haus.

Sind wir denn schuld daran, daß die so früh schließen? fragt Uwe.

Nein, sagt der Vater. Niemand ist schuld dran. Ohne euch kommen wir aber schneller voran, und außerdem machen mich eure ständigen Fragen nervös.

Du stellst ja auch dauernd Fragen, sagt Uwe.

Kommt schon, sagt der Vater. Wir gehen zu Fuß nach Haus. Jetzt könnt ihr euch die Stadt ein wenig ansehen.

Als sie endlich zu Hause sind, sagt Ingrid: Ich komme nicht mehr mit zu den Ämtern, nicht mal, wenn ihr es wollt.

Ich auch nicht, sagt Uwe.

Der erste Schultag

Du gehst aber mit mir, sagt Ingrid, ich hab Angst.

Ich geh mit dir, sagt die Mutter. Du brauchst aber gar keine Angst zu haben. Du wirst sehen, die Lehrerin ist bestimmt gut zu dir, und mit den Kindern wirst du dich rasch anfreunden.

Aber vielleicht haben sie viel mehr gelernt als ich in meiner alten Schule, und dann denken sie, ich bin dumm, sagt Ingrid.

Sie haben nicht mehr gelernt als du, und überhaupt, zerbrich dir nicht den Kopf, es wird schon gutgehen.

Aber du gehst mit, sagt Ingrid.

Ja, sicher. Ich hab's dir ja versprochen.

Die Schule ist nicht groß, und sie ist schön. Es ist gerade Pause, als Ingrid und die Mutter in die 1 A kommen.

Guten Tag, sagt die Mutter.

Guten Tag, sagen die Kinder.

Das ist Ingrid. Sie kommt ab heute in eure Klasse, sagt die Mutter. Im Nu umringen die Kinder Ingrid. Sie sehen sie neugierig an und schweigen. Dann reicht ein Mädchen Ingrid die Hand. Hallo, sagt das Mädchen, ich heiße Anja. Willst du meine Freundin sein? Und dann faßt eine Hand nach der anderen nach Ingrids Hand. Ingrid ist sehr verlegen und sehr froh und weiß gar nicht, was sie sagen soll.

Frau Müller kommt in die Klasse. Frau Müller ist die Lehrerin. Die Mutter spricht mit der Lehrerin.

Ich habe neun Aussiedlerkinder in der Klasse, sagt Frau

Müller. Die meisten sind sehr unselbständig. Man arbeitet schwer mit ihnen.

Vielleicht liegt das auch daran, sagt die Mutter, daß die meisten vom Land kommen und sich in der Stadt nur schwer zurechtfinden. Wir kommen aus einer Großstadt. Ich hoffe, daß Ingrid Ihnen keine Schwierigkeiten machen wird.

Eine Ingrid hatte ich schon lange nicht mehr in der Klasse, sagt Frau Müller, das ist ein schöner Name.

Sie weist Ingrid den Platz neben Anja zu.

Am Nachmittag sitzt Ingrid über ihren Heften.

Ich weiß nicht, was ich aufhab, sagt sie.

Wieso weißt du das nicht? fragt die Mutter.

Die Frau Müller spricht so ganz anders Deutsch als wir, sagt Ingrid, ich hab sie nicht verstanden. Sie singt beim Sprechen.

Die Mutter setzt sich neben Ingrid. Ingrid zeigt ihr ein Arbeitsblatt. Auf dem Blatt sind noch zwei Zeilen frei. Dort gehört das Wort Esel hin. Ingrid schreibt zwei Zeilen voll mit dem Wort Esel.

Drei Tage später singt auch Ingrid beim Sprechen. Sie merkt es gar nicht. Die Mutter und der Vater sehen sich an. Es klingt komisch und etwas fremd, wie Ingrid spricht. Es klingt aber auch schön.

Ingrid erinnert sich an Thea

Die Mutter bügelt. Ingrid sitzt auf dem Bett. Sie hält ihre Puppe im Arm. Sie spielt aber nicht mit ihr.

Warum sitzt du so still? fragt die Mutter. Ist etwas passiert?

Nein, sagt Ingrid. Ich denk nur an die Thea.

Thea ist Ingrids beste Freundin in Rumänien.

Theas Mutter und Ingrids Mutter sind Freundinnen.

Theas Vater und Ingrids Vater sind Freunde.

Es ist also eine ganz dicke Freundschaft.

Thea heißt eigentlich Thealinde. Aber alle nennen sie Thea, weil Thealinde ein viel zu langer Name für ein so kleines Mädchen ist. Thea hat Ingrid einen Pullover und eine Hose für ihre Puppe zum Abschied geschenkt. Der Pullover ist der Puppe etwas eng. Ingrid dehnt ihn aus.

Weißt du, was Thea zum Abschied zu mir gesagt hat? fragt Ingrid.

Nein, sagt die Mutter, du hast es mir nicht erzählt.

Sie muß sich jetzt eine andere beste Freundin suchen, hat sie gesagt. Dann hat sie mir den Rücken zugedreht und ist hinausgelaufen. Dabei hat sie die Tür ins Schloß geworfen, daß es gekracht hat.

Es hat Thea leid getan, daß du wegfährst, sagt die Mutter.

Ingrid ist traurig.

Die Mutter setzt sich neben sie. Sie sagt: Weißt du was? Wir schreiben jetzt einen Brief an die Thea. Du diktierst, und ich schreibe.

Kommt die Thea nie nach Deutschland? fragt Ingrid.
Das weiß ich nicht, sagt die Mutter.
Vielleicht kommt sie, sagt Ingrid.
Vielleicht, sagt die Mutter.

Uwe findet sich zurecht

Uwe fühlt sich wohl in der neuen Klasse. In seiner Klasse sind dreiundzwanzig Schüler. Früher war er in einer Klasse mit dreiundvierzig Schülern. Seine Lehrerin war streng. Die Kinder mußten ganz still in den Bänken sitzen. Wenn sie zappelten, mußten sie die Hände auf den Rücken legen.

Alle Schulkinder mußten eine Schuluniform tragen, die Mädchen ein blau und weiß kariertes Kleid mit blauer Schürze, die Jungen einen dunkelblauen Anzug und ein weiß und blau kariertes Hemd. An heißen Tagen klebte Uwes Hose an den Beinen. Wenn die Lehrerin mit dem Gesicht zur Tafel stand, bewegte er rasch die Beine unter der Bank, um ein bißchen Kühlung zu bekommen. Es nützte aber nichts.

Jetzt geht Uwe in einer kurzen Hose und in einem T-Shirt zur Schule.

Uwe hatte seine Lehrerin in Rumänien gern.

Auch die neue Lehrerin hat er gern. Die neue Lehrerin heißt Frau Schmidt. Frau Schmidt macht manchmal Späße mit den Kindern, aber sie kann auch streng sein.

Uwe gefallen alle Fächer, außer Musik und Religion. Musik gefällt ihm nicht, weil er unmusikalisch ist. Im Religionsunterricht langweilt er sich.

An Uwes drittem Schultag in der neuen Schule schreibt seine Klasse ein Diktat. Als Frau Schmidt die verbesserten Diktate bringt, sagt sie: Ich freue mich besonders über Uwes Diktat. Er hat keinen Fehler gemacht. Das habe ich nicht erwartet, weil er ja aus einem anderen Land kommt, wo Deutsch eine Fremdsprache ist.

Ich war aber in Rumänien in einer deutschen Schule, sagt Uwe, und unsere Lehrerin hat sehr viele Diktate mit uns gemacht. Wir mußten auch täglich einen Abschnitt aus dem Lesebuch abschreiben.

In der Mathestunde hat Uwes Tischnachbar, Peter Smrzka, bei der Textaufgabe ein anderes Ergebnis als Uwe.

Ich schau mal zum Besten ins Heft, sagt Peter. Er geht an den Nachbartisch und vergleicht sein Ergebnis mit dem des Klassenbesten.

Ist ja toll, sagt er zu Uwe, du hast dasselbe Ergebnis wie der Beste.

Mathe ist Uwes Lieblingsfach.

Auch die Turnstunde gefällt ihm, vor allem die zweite Hälfte der Stunde.

In der ersten Hälfte der Stunde haben die Kinder Geräteturnen. Im Geräteturnen ist Uwe nicht so gut. Wenn er am Seil hochklettert, strengt er sich sehr an, aber er kommt nicht hoch. Er hat zu wenig Kraft in den Armen. In der zweiten Hälfte der Stunde spielen die Jungen Fußball. Uwe schießt ein Tor. Er ist sehr glücklich darüber.

Wo ist der Neue? fragt der Turnlehrer.

Uwe steht gerade hinter ihm.

Du hast gut gespielt, sagt der Lehrer. Bist du in einem Fußballclub?

Nein, sagt Uwe.

Wie heißt du? fragt der Lehrer.

Uwe.

Und von jetzt an weiß der Lehrer, daß er einen Fußballspieler in der Klasse hat, der Uwe heißt.

Am Nachmittag verabredet sich Uwe mit Peter, Stefan und Ingo zum Fußballspielen.

Ein Brief an den Lehrer

Uwe hat Turnen.

Die Jungen warten im Hof auf den Lehrer.

Der Turnlehrer verspätet sich. Er verspätet sich oft.

Die Jungen sind unzufrieden. Sie wollen dem Lehrer einen Brief schreiben.

Ingo schreibt den Brief. Er liest ihn vor:

Lieber Herr Schneider!

Wir bitten Sie, nicht mehr zu spät zu kommen.

Alle Jungen unterschreiben den Brief.

Uwe ist erschrocken. Er zögert, er weiß nicht, ob er den Brief unterschreiben soll. Er denkt, daß es eine Frechheit ist, dem Lehrer einen solchen Brief zu schicken. In Rumänien jedenfalls wäre der Brief als eine große Frechheit betrachtet worden.

Ingo fragt Uwe: Warum unterschreibst du den Brief nicht?

Uwe sagt: Darf man denn einem Lehrer einen solchen Brief schreiben?

Warum soll man das nicht dürfen? fragt Ingo.

Ich muß mir das noch überlegen, sagt Uwe.

Ingo überreicht dem Lehrer den Brief ohne Uwes Unterschrift.

Herr Schneider liest den Brief. Er fragt: Stört es euch auch, wenn der Mathelehrer zu spät kommt?

Die Klasse antwortet im Chor: Frau Schmidt verspätet sich nie!

Der Lehrer erklärt den Kindern, warum er sich verspätet. Er kommt in der Pause vor der Turnstunde aus einer anderen Schule, wo er auch Stunden hat. Wenn er die grüne Welle erwischt, ist er pünktlich. Wenn er sie nicht erwischt, verspätet er sich.

Ich werde mir Mühe geben, nicht mehr zu spät zu kommen, sagt Herr Schneider.

Er verspätet sich trotzdem immer wieder.

Ich hätte den Brief ruhig unterschreiben können, denkt Uwe. Es passiert ja wirklich nichts.

Beim Spazierengehen

Ingrid und Uwe gehen mit der Mutter spazieren. Sie gehen gern spazieren. Aber noch viel lieber gehen sie auf den Spielplatz. Der Spielplatz liegt am Waldrand. Im Wald sind viele schöne Wege zum Spazierengehen.

Wenn Ingrid und Uwe mit der Mutter spazierengehen, begegnen sie vielen Hunden.

In Deutschland sind die Hunde so dick wie die Schweine, sagt Ingrid.

Übertreib nicht, sagt die Mutter.

Ingrid hat Angst vor Hunden.

Du brauchst keine Angst vor den Hunden zu haben, sagt die Mutter, diese hier beißen nicht. Die können nicht einmal richtig bellen.

Jetzt übertreibst aber du, sagt Uwe. Uwe hat Tiere sehr gern. Er wünscht sich ein Pferd oder ein Pony, und wenn das nicht geht, dann wenigstens einen Hund.

Aus dem Waldweg kommt ein großer Hund gelaufen und springt Ingrid an. Ingrid schreit und klammert sich an die Mutter. Die Mutter ist auch erschrocken, sie hat den Hund nicht gesehen. Erst als er Ingrid anspringt, sieht sie ihn. Sie versucht Ingrid zu beruhigen.

Der Hund wollte ja nur mit dir spielen, sagt die Mutter, und zu dem Hundebesitzer sagt sie: Würden Sie bitte Ihren Hund an die Leine nehmen?

Der Hundebesitzer sagt zur Mutter: Fällt mir gar nicht ein. Für Ihre Göre kriegen Sie vom Staat Geld, ich aber muß für meinen Hund Steuern zahlen. Ich gehe mit ihm

spazieren, wo ich will und wie ich will. Passen Sie auf Ihre Göre auf. Dann geht der Mann weiter.

Die Mutter ist entsetzt. Sie schnappt erst einmal nach Luft. Dann sagt sie: So etwas ist mir noch nicht vorgekommen! So eine Unverschämtheit!

Ich glaub, das ist ein schlechter Mann, sagt Ingrid. Sie läßt Mutters Hand noch immer nicht los.

Schlecht und dumm ist er, sagt die Mutter.

Warum hast du nichts zu ihm gesagt? fragt Ingrid.

Weil mir alle guten Gedanken erst hinterher kommen, wenn es zu spät ist, sagt die Mutter.

Der Hundebesitzer und der Hund verschwinden im Wald. Der Hund war aber schön, sagt Uwe.

Der Hund war böse, sagt Ingrid.

Der Hund war nicht böse, der Hundebesitzer war böse, sagt die Mutter.

Zu Besuch bei Tante Krista und Onkel Heinrich

Ingrid und Uwe gehen mit den Eltern zu Vaters Schwester. Das ist Tante Krista. Tante Krista ist mit Onkel Heinrich verheiratet. Sie ist viel älter als der Vater von Ingrid und Uwe. Tante Krista und Onkel Heinrich haben einen erwachsenen Sohn. Der ist schon fast alt, aber er studiert noch immer. Er ist nicht zu Hause. Zu Hause ist nur die Katze Micky.

Tante Krista und Onkel Heinrich wohnen in einem großen schönen Haus ganz allein. Das heißt, sie wohnen mit Micky. Micky ist sehr klug. Onkel Heinrich sagt, sie kann die Haustür allein aufmachen.

Zuerst wird das Haus besichtigt, und die Mutter lobt die gute Zimmereinteilung, die Teppiche, die Möbel und was im Haus noch ist. Auch das Katzenklo im Keller wird besichtigt.

Dann setzen sich alle an den Tisch zum Abendessen. Der Tisch ist schön gedeckt. Ingrid und Uwe haben Hunger. Micky öffnet die Tür. Und dann ist die Tür offen. Onkel Heinrich steht vom Tisch auf. Er schließt die Tür. Micky springt auf Onkel Heinrichs Stuhl und von dort auf den Tisch. Nun steht Micky auf dem weißen Tischtuch neben Onkel Heinrichs Teller.

Aber Micky, das tut man nicht, sagt Onkel Heinrich, sei doch ein vernünftiges Mädchen und komm herunter vom Tisch.

Micky läßt sich nach einiger Zeit überzeugen. Sie steigt graziös vom Tisch auf den Stuhl.

Onkel Heinrich sagt stolz: Sie ist sehr klug, alles versteht sie. Dann spricht er wieder mit Micky: Micky, Mädchen, das ist mein Platz, mach deinem Herrchen Platz. Aber diesmal will Micky nicht so, wie Onkel Heinrich will.

Sie ist manchmal eigenwillig, sagt er entschuldigend. Micky, wenn ich dich bitte ... Endlich steigt Micky vom Stuhl. Tante Krista nimmt eine Scheibe Schinken und gibt sie Micky. Micky verschlingt den Schinken.

Also so was, sagt Tante Krista, du kannst doch gar nicht so hungrig sein, Micky!

Sie gibt Micky noch eine Scheibe Schinken. Micky verschlingt auch diese Scheibe. Dann geht sie hinaus. Onkel Heinrich schließt die Tür. Er schließt sie noch dreimal während des Abendessens. Die Mutter holt sich eine Jacke. Ihr ist kalt geworden.

Die Tante und der Onkel erzählen von ihrem Sohn und von Micky. Die Mutter und der Vater erzählen von Rumänien.

Bei uns in Rumänien, sagt Ingrid, füttert man die Katzen nicht mit Schinken.

Ja, mein Kind, sagt die Tante etwas verlegen, das ist ja auch bei uns nicht die Regel. Aber in Deutschland lebt man eben besser, und da leben auch die Katzen besser.

Auf dem Heimweg sagt die Mutter: Micky wird noch an Herzverfettung draufgehen.

Du hast etwas gegen Tiere, seitdem wir in Deutschland sind, sagt Uwe.

Ich hab was gegen Menschen, die Katzen mit Schinken füttern, sagt die Mutter.

Bretter vom Sperrmüll

Die Mutter braucht ein Regal für ihre vielen Bücher. Onkel Heinrich sagt, er hat Bretter im Keller und auch Werkzeug. Der Vater kann ein Regal zusammenbauen.

Onkel Heinrich hat es sich aber anders überlegt. Die Bretter brauche ich eigentlich, sagt er. Hol dir welche vom Sperrmüll.

Der Vater will nicht zum Sperrmüll gehen.

Ich brauch ein Regal, sagt die Mutter.

Tante Krista sagt, sie können sich den Sperrmüll einmal ansehen, man muß ja nicht gleich ein neues Regal kaufen.

Im Übergangswohnheim ist eine Liste mit dem Abfuhrplan vom Sperrmüll am Schwarzen Brett angeschlagen. Als in der Nähe des Heims Sperrmüll ist, gehen die Mutter und der Vater am Abend weg. Ingrid und Uwe möchten mitgehen. Die Mutter sagt, das kommt nicht in Frage. Die Kinder müssen ins Bett.

Der Sperrmüll ist etwas Geheimnisvolles. In Rumänien gibt es keinen Sperrmüll. Vielleicht finden die Eltern ein altes, aber noch gutes Fahrrad oder einen Puppenwagen …

Und dann denken die Kinder an die vielen Sachen, an die Fahrräder, den Puppenwagen, die Rollschuhe und vieles mehr, das sie verschenkt haben, bevor sie ausgewandert sind.

Am nächsten Tag fragen die Kinder neugierig: Na, wie war's?

Das mach ich nie wieder, sagt der Vater.

Die Mutter sagt nichts. Sie schrubbt die Bretter vom Sperrmüll blitzsauber. Der Vater zimmert ein Regal.

Das ist jetzt unsere Bibliothek, sagt Uwe.

Die Bibliothek sieht gut aus.

Die Mutter sagt: Man merkt es gar nicht, daß die Bretter vom Sperrmüll sind.

Man soll es ja auch nicht merken, sagt der Vater, und zu Ingrid und Uwe sagt er: Ihr sollt in der Schule nicht herumerzählen, daß wir beim Sperrmüll waren. Das braucht niemand zu wissen!

Wo warschtugeschtern?

Ingrid kann das S nicht richtig aussprechen. Jetzt fehlen ihr auch noch die beiden oberen Vorderzähne, und nun schlüpft die Zunge immer wieder ein wenig durch die Zahnlücke. Das S klingt dann nicht richtig.

Du mußt dir mehr Mühe geben, sagt die Mutter zu Ingrid.

Ingrid gibt sich aber nur bei der Logopädin Mühe. Die Logopädin macht Übungen mit den Kindern, die das S, das R oder einen anderen Laut nicht richtig aussprechen können.

Nach der ersten Zeichenstunde in der Schule kommt Ingrid strahlend nach Hause.

Du, Mama, sagt sie, hier brauch ich gar kein S. Die Frau Pörschke, unsere Zeichenlehrerin, hat heute gesagt: Wo warschtugeschtern? Wo ist da ein S?

Ingrid freut sich sehr über den Satz von der Frau Pörschke. Sie wiederholt ihn immer wieder. Aber die Freude dauert nicht lange. Als die Frau Müller fragt, wer beim Klassenfest die Müllerstochter im Rumpelstilzchen spielen will, melden sich vier Mädchen. Auch Ingrid hebt die Hand.

Die Frau Müller sagt zu Ingrid: Es tut mir sehr leid, Ingrid, aber du mußt das S noch üben.

Ingrid ist eine Dienerin im Rumpelstilzchen. Sie muß nicht viel sagen in dieser Rolle.

Zu Hause spielt sie der Mutter die Rolle der Müllerstochter vor, und die Mutter sagt: Es ist wirklich schade, daß du das S nicht richtig aussprichst. Du spielst die Müllerstochter wunderbar.

Da nimmt sich Ingrid vor, langsamer zu sprechen und aufzupassen, daß die Zunge nicht durch die Zahnlücke rutscht.

Sie schafft es schon, sagt die Logopädin, erst müssen die Vorderzähne nachwachsen. Vielleicht sollte man der kleinen Aussprachestörung nicht soviel Beachtung schenken.

Hast du gehört, was sie gesagt hat? fragt Ingrid, und die Zunge rutscht wieder durch die Lücke.

Im Religionsunterricht

Bisher hat Ingrid die Kinder in deutsche und rumänische eingeteilt.

Die Frau Müller teilt die Kinder in katholische und evangelische ein.

Ingrid weiß nicht, wohin sie gehört.

Die Anja geht zu den katholischen. Ingrid geht mit. Es gefällt ihr im Religionsunterricht. Herr Günther ist jung und freundlich. Er trägt einen Bart. Männer mit Bart sind Ingrid sympathisch, weil ihr Vater auch einen Bart hat.

Am Nachmittag sagt Ingrid zur Mutter: Ich muß bis zur nächsten Religionsstunde Maria mit dem Jesuskind zeichnen.

Ich glaube, du warst im katholischen Unterricht, sagt die Mutter. Du mußt in den evangelischen gehen.

Das ist mir egal, sagt Ingrid. Ich geh zum Herrn Günther.

In der nächsten Religionsstunde geht sie aber doch in den evangelischen Unterricht zur Frau Hertel, denn Frau Müller hat nachgelesen, daß Ingrid evangelisch ist.

Frau Hertel gefällt Ingrid auch sehr gut.

Am liebsten würde sie zu Frau Hertel und zu Herrn Günther in den Unterricht gehen, aber das ist leider nicht möglich. Das tut Ingrid leid.

Die Kisten sind angekommen

Ingrid geht mit einem Beutel zur Schule. Das gefällt ihr gar nicht. Ihre Schultasche ist noch in den Kisten. Die Kisten mit dem Hausrat sind irgendwo unterwegs zwischen Bukarest und F.

Die ganze Familie wartet auf die Kisten.

Vier Wochen sind sie schon im Übergangswohnheim von F. Dann kommt die Nachricht: Die Kisten sind da.

Ingrid kann in der Schule an gar nichts anderes denken: Die Kisten sind da. Ihre Puppen, die beiden Teddys, ihre Spielsachen, die Schultasche, alles ist da.

Als es zur Pause läutet, laufen die Kinder alle in den Hof. Nur Ingrid bleibt auf dem Korridor. Die Kinder sind zu wild. Und außerdem muß Ingrid nachdenken: Was hat sie von ihren Sachen verschenkt, und was ist noch in den Kisten?

Jetzt brauchte sie eine Freundin, der sie alles erzählen könnte. Aber Ingrid hat keine Freundin.

Da sieht sie Herrn Günther. Er geht an ihr vorbei. Ingrid läuft ihm nach. Sie faßt ihn am Ärmel.

Der Lehrer Günther sieht sie erstaunt an, erkennt sie dann aber und sagt: Hallo, Ingrid.

Hallo, sagt Ingrid, unsere Kisten sind angekommen.

Was für Kisten? fragt Herr Günther.

Die Kisten mit unseren Sachen aus Rumänien, sagt Ingrid und erzählt ihm, was in den Kisten alles drin ist.

Sie erzählt so lange, bis es läutet.

Der Lehrer Günther sagt: Ich freue mich, daß die Kisten

angekommen sind. Bestell deinen Eltern schöne Grüße von mir. Tschüs, Ingrid.

Tschüs, sagt Ingrid.

Sie geht in ihre Klasse. Es ist ihr plötzlich so leicht ums Herz, daß sie einen Hopser machen muß.

Im Schulhof

Der Schulhof ist naß. Es hat geregnet. Die Kinder können nicht Fangen spielen. Darum geht Anja mit Ingrid spazieren. Ingrid freut sich, daß sie nicht allein im Schulhof stehen muß.

Sie erzählt Anja von ihrer Schule in Rumänien. In Rumänien mußte sie bis zur Schule weit fahren. Es gab nämlich nur eine deutsche Schule in der Stadt. Die war im Zentrum, und Ingrid wohnte am Stadtrand.

Du, Ingrid, sagt Anja, du erzählst immer nur von Rumänien. Ich weiß gar nicht, wo Rumänien liegt. Ist es weit von hier?

Ja, sagt Ingrid, wir sind einen Tag und zwei Nächte mit dem Zug bis hierher gefahren.

Hast du denn in Rumänien überhaupt etwas über die Bundesrepublik gewußt? fragt Anja.

Als ich klein war, sagt Ingrid, hab ich geglaubt, Deutschland ist ein großes Geschäft, wo man alles kaufen kann. Wir haben nämlich Pakete von da bekommen. Mein Bruder hat mich ausgelacht.

Bist du aber dumm, hat er gesagt. Deutschland ist ein Land wie Rumänien.

Anja lacht.

Ingrid lacht auch.

Die Mädchen hüpfen auf einem Bein über die Pfützen. Ingrid ist ungeschickt. Sie hüpft in eine Pfütze und spritzt Anja an.

Anja ist nicht böse.

Als es läutet, gehen sie zusammen in die Klasse.

Anja fragt Ingrid: Gefällt es dir eigentlich in Deutschland?

Ja, sagt Ingrid, aber am schönsten ist es doch bei meinen Großeltern.

Die Melonen und die Gurken können fast gleich gut lesen

Ingrid findet es schön, daß Frau Müller manchmal während des Unterrichts mit den Kindern spielt. In Rumänien hat die Lehrerin nur in der Turnstunde mit den Kindern gespielt. Mit vierzig Kindern in der Klasse kann man während des Unterrichts nicht spielen.

Jetzt sind in Ingrids Klasse nur siebenundzwanzig Schüler. Die Frau Müller sagt aber, das sei eine große Klasse.

Frau Müller kennt viele Spiele. Alle Kinder machen bei den Spielen gern mit. Nur Norbert und Francesco treiben Unfug.

Norbert und Francesco verstecken sich in der Lesestunde unter dem Tisch. Frau Müller bemerkt es nicht. Sie teilt die Kinder in Melonen und Gurken ein. Die Kinder stellen sich in zwei Gruppen auf.

Ingrid ist eine Melone, weil sie einen roten Pullover anhat und weil sie nicht gern Gurken ißt. Anja ist eine Gurke.

An der Tafel stehen zwei Kolonnen Wörter.

Die Kinder lesen die Wörter.

Ingrid ist die erste Melone und liest das Wort Melone.

Die anderen Melonen lesen die Wörter, die darunter stehen.

Anja ist die erste Gurke und liest das Wort Gurke.

Die anderen Gurken lesen die Wörter, die darunter stehen.

Jedes Kind liest ein Wort und läuft dann ans Ende der

Kolonne. Ingrid ist vor Anja wieder an der Spitze der Kolonne. Darum siegen die Melonen über die Gurken.

Frau Müller sagt, die Gurken können aber fast genauso gut lesen wie die Melonen. Die Kinder lachen. Eine Melone sagt: Gut, daß Francesco nicht in unserer Gruppe ist, sonst hätten wir verloren.

Da erinnern sich alle an Francesco und Norbert, die noch immer unter dem Tisch sitzen und sich nicht getrauen, hervorzukommen.

Francesco und Norbert sind unter dem Tisch, ruft Sylvie.

Frau Müller sagt: Ihr armen Kerle unter dem Tisch!

Die beiden kommen hervor und gehen ganz rasch an ihre Plätze.

Dann läutet es.

Die beste Zahnpaste

Die Mutter kocht.

Der Vater wäscht.

Uwe lernt.

Ingrid sieht fern.

Mama, komm schnell, ruft Ingrid.

Die Mutter geht zu Ingrid ins Zimmer.

Wie oft soll ich dir denn noch sagen, daß du dir das blöde Werbefernsehen nicht mehr ansehen sollst, sagt die Mutter.

Aber Mama, sagt Ingrid, der Mann hat etwas ganz Wichtiges gesagt. Wenn wir die Zahnpaste benützen, die er in der Hand hält, dann müssen wir nie mehr zum Zahnarzt.

Das ist doch Unsinn, sagt die Mutter.

Der Mann kann doch nicht einfach lügen, sagt Ingrid.

Sie hat Süßigkeiten sehr gern, und zum Zahnarzt geht sie gar nicht gern.

Bitte kauf die Zahnpaste, bettelt Ingrid.

Die Mutter verspricht, die Zahnpaste zu kaufen. Aber Ingrid hat vergessen, wie sie heißt.

Vielleicht zeigen sie den Mann mit der Zahnpaste morgen wieder, sagt Ingrid.

Die Mutter will in die Küche zurück.

Da erscheint auf der Bildfläche eine fröhliche Familie, die Süßigkeiten knabbert und sich danach die Zähne putzt. Und die Fernsehfrau sagt, wer diese Zahnpaste benützt, der kann seinen Kindern ruhig Süßigkeiten geben, denn

Karies gibt es trotzdem keine. Dann zeigen alle die Zähne, und die sind sehr schön weiß und ohne Karies.

Ingrid ist nachdenklich.

Komisch, sagt sie, in Rumänien gab es keine solche Zahnpaste, und ich mußte zum Zahnarzt. Und hier gibt es gleich mehrere, und die Anja muß trotzdem zum Zahnarzt.

Ingrid ist traurig

Ingrid ist traurig. Anja fährt für immer nach München.

Jetzt hab ich keine Freundin mehr, sagt Ingrid.

Du kannst dich ja mit den anderen Mädchen anfreunden, sagt die Mutter.

Die haben mich am ersten Tag alle gefragt: Willst du meine Freundin sein? Aber jetzt ist keine meine Freundin. Auch die Anja hat eine andere beste Freundin. In der Pause steh ich immer allein, sagt Ingrid.

Warum gehst du nicht zu den anderen und sprichst mit ihnen? fragt die Mutter.

Die spielen immer Spiele, die ich nicht kenne. Auch auf dem Heimweg bin ich immer allein, sagt Ingrid.

Wohnt denn niemand aus deiner Klasse in unserer Nähe? fragt die Mutter.

Doch, drei Kinder, aber die gehen zusammen, und sie gehen einen anderen Weg. Ein Mädchen hat gesagt, ich hab eine häßliche Schultasche. Ich denk, die ist blöd, sagt Ingrid.

Ingrid hat eine kleine, leichte Schultasche aus Rumänien. Die Schultasche ist rot und hellgrau. Ingrid hat zwei schöne Abziehbilder draufgeklebt.

Gefällt dir deine Schultasche? fragt die Mutter.

Ja, sagt Ingrid.

Dann mußt du dir gar nichts draus machen, wenn das Mädchen deine Schultasche häßlich findet, sagt die Mutter.

Ingrid nimmt ihre große Puppe fest in den Arm und

hängt den ganzen Tag an Mutters Rockzipfel. Aber helfen will sie der Mutter nicht. Sie hat zu nichts Lust.

Du könntest das Geschirr abtrocknen, sagt die Mutter. Du könntest mir überhaupt viel mehr helfen.

Da beginnt Ingrid zu weinen. Sie weint aber aus einem ganz anderen Grund.

Die Mutter setzt sich neben Ingrid und streichelt sie so lange, bis sie nicht mehr weint.

Am Abend im Bett sagt Ingrid: Ich kann nicht einschlafen. Was soll ich träumen?

Die Mutter sagt: Träum von einem großen schönen Haus, in dem wir wohnen werden. Von vielen Nachbarskindern, mit denen du im Garten spielen kannst ... Schlaf gut, Ingrid.

Schlaf gut, Mama, sagt Ingrid.

Advent

Advent, Advent, ein Lichtlein brennt, erst eins, dann zwei, dann drei ...

Drei Lichtlein brennen an dem Adventskranz in der Kirche.

Die Kirche ist für Ingrid und Uwe eine besondere Kirche. Innen sieht sie aus wie ein gewöhnliches Haus. Sie ist neu. In der Kirche stehen Tische und Stühle, und es wird Kaffee getrunken. Es gibt auch Kuchen. Ingrid und Uwe haben eine solche Kirche noch nie gesehen. Zu Hause gibt es nur alte Kirchen. Es werden keine neuen gebaut.

Die Weihnachtslieder sind aber dieselben wie in der alten Kirche. Auch das Vaterunser ist dasselbe, und der Adventskranz sieht in der Kirche zu Hause genauso aus wie dieser hier.

Ingrid und Uwe essen Kuchen und trinken Tee. Sie singen Adventslieder. Die Feier ist sehr schön. Als die Feier fast aus ist, will eine Frau noch etwas sagen. Sie steht auf und sagt:

Liebe Freunde, ich bin vor einem Jahr aus der DDR hergekommen. Ich habe hier eine Freundin gefunden. Sie kommt aus Polen. Sie ist Krankenschwester wie ich. Wir arbeiten im selben Krankenhaus, und wir haben gemeinsam eine kleine schöne Wohnung. Wer von Ihnen keinen Menschen hat, mit dem er Weihnachten feiern kann, den laden wir herzlich zu uns ein. Bitte, sagen Sie es dem Herrn Pfarrer, wenn Sie zu uns kommen wollen, damit wir auch alles gut vorbereiten können. Ich muß jetzt gehen, denn ich habe Nachtdienst. Ich wünsche allen noch weiter eine schöne Adventszeit.

Die Frau geht dann gleich.

Die Mutter wischt sich heimlich eine Träne weg.

Ingrid sieht es aber doch. Weinst du? fragt sie.

Nein, sagt die Mutter.

Gehen wir zu dieser Frau zu Weihnachten?

Nein, wir haben doch Tante Krista und Onkel Heinrich. Wir werden Weihnachten in der Familie feiern, sagt die Mutter.

Ingrid hat die Frau Müller gern

Ingrid geht gern zur Schule. Sie ist eine gute Schülerin. Sie schreibt auch schön. Es gefällt ihr im Unterricht. Sie hat Frau Müller gern. Auch die anderen Lehrer hat sie gern.

Wer schön schreibt, bekommt ein Fleißbildchen. Wer zehn Fleißbildchen hat, darf sich einen Farbstift, einen Radiergummi oder sonst etwas vom Katheder holen. Ingrid holt sich einen grünen Filzstift. Das ist natürlich ein ganz besonderer, weil man ihn nicht kaufen kann, den bekommt man nur für zehn Fleißbildchen.

Ingrid freut sich über den Filzstift, aber sie ist auch traurig, denn nun hat sie keine Fleißbildchen mehr. Ihre Fleißbildchen sind nun wieder bei Frau Müller.

Nach dem Unterricht packt Ingrid ihre Sachen zusammen. Den grünen Filzstift packt sie zuletzt ein.

In der Klasse ist Lärm. Die Kinder verlassen die Klasse einzeln oder in Gruppen.

Auch Frau Müller packt ihre Sachen zusammen.

Ingrid geht zum Katheder. Sie wartet, bis Frau Müller sie bemerkt. Dann sagt sie: Auf Wiedersehen, Frau Müller, und geht.

Ich versteh nicht, warum die andern Kinder ohne Abschiedsgruß davonrennen, sagt Ingrid zu ihrer Mutter.

Der Weihnachtsbesuch

Ingrid und Uwe haben die Weihnachtsferien immer bei den Großeltern verbracht. Weihnachten ohne die Großmutter und den Großvater sind keine Weihnachten.

Die Eltern haben trotzdem ein Bäumchen gekauft. Das steht nun im Zimmer und nimmt den ganzen Platz ein. Die Kinder und der Vater schmücken das Bäumchen. Die Mutter holt die guten Kleider für die Feiertage aus dem Schrank.

Die Weihnachtsgeschenke sind im Kleiderschrank versteckt.

Ingrid, Uwe und ihre Eltern werden den Weihnachtsabend bei Tante Krista und Onkel Heinrich verbringen.

Es läutet.

Wer kann das sein? fragt Uwe.

Die Mutter geht zur Tür. Vor der Tür steht ein bärtiger junger Mann. Er hat ein freundliches Gesicht.

Guten Tag, sagt er. Mein Name ist Günther. Ich bin Lehrer und unterrichte an Ingrids Schule. Ich möchte gern die Ingrid besuchen.

Die Mutter bittet den Gast ins Zimmer.

Bei uns ist ein wenig Durcheinander, entschuldigt sie sich.

Ich wollte nicht stören, sagt der Lehrer Günther, ich wollte nur ein kleines Weihnachtsgeschenk für Ingrid bringen.

Und dann übergibt er Ingrid ein Köfferchen.

Ingrid ist ganz überrascht. Sie öffnet das Köfferchen.

Eine ganze Puppenfamilie ist drin. Und Puppenkleider, Puppenmöbel, Geschirr und vieles andere noch. Ingrid ist überglücklich. Sie nimmt jedes Stück in die Hand, probiert den Puppen die Kleider an, sie deckt den Tisch und hat den Herrn Günther ganz vergessen.

Alle sehen Ingrid zu. Es dauert ziemlich lange, bis jemand etwas sagt.

Die Mutter holt Kuchen aus dem Weihnachtspaket, das sie von ihrer Tante bekommen hat. Herr Günther kostet den Kuchen und sagt, das sei ein sehr, sehr guter Kuchen.

Ingrid fällt ein, daß sie sich bei Herrn Günther bedanken muß. Sie sagt danke, die Mutter bedankt sich auch. Herr Günther wird ganz rot und sagt, er hätte sich nicht vorgestellt, daß Ingrid sich über die Spielsachen so freuen würde. Dann geht er, und Ingrid sagt: Weihnachten ist doch auch in Deutschland schön.

Der Herr Fleischer ist gestorben

Der Herr Fleischer aus dem ersten Stock ist gestorben. Er war schon seit langem gelähmt. In Rumänien mußte er deshalb immer im Zimmer bleiben. Er ist fast den ganzen Tag am Fenster gesessen und hat auf die Straße geschaut. In Deutschland hat er einen Rollstuhl bekommen. Der war sein ganzes Glück. Die Frau Fleischer hat ihn jeden Tag mit dem Rollstuhl spazierengeführt.

An einem Morgen war der Herr Fleischer plötzlich tot.

Er bekommt ein Begräbnis dritter Klasse. Das ist billig.

In Deutschland sind die Menschen nur bei der Geburt gleich, sagt die Frau Fleischer, bei uns zu Hause sind sie bei der Geburt und im Tod gleich.

Zu Hause in der Gemeinde, wo die Großeltern von Ingrid und Uwe leben, werden alle Menschen auf die gleiche Art begraben. Alle kommen in einen Sarg. Alle Särge gleichen einander. Meistens wird der Verstorbene zu Hause aufgebahrt. Die Trauernden sitzen neben dem Verstorbenen, und die ganze Gemeinde kommt kondolieren. Jeder Besucher drückt den Trauernden die Hände, man spricht leise über den Toten, und das wiederholt sich so oft, bis alles nicht mehr so weh tut.

Jeder Sarg kommt am zweiten oder dritten Tag auf den Totenwagen, der von zwei prächtigen Pferden gezogen wird. Alle Särge kommen auf denselben Totenwagen. Auf dem Kutschbock sitzt der Herr Lutsch. Er ist schwarz gekleidet. Er hat ein gutes Gesicht. Wenn er einen Bekannten auf dem Weg zum Friedhof trifft, grüßt er würdevoll mit einem Kopfnicken vom Kutschbock herab.

Die Glocken läuten. Das klingt wie: Es muß sein. Es muß sein. Die Pferde gehen im Schritt, das klingt auf dem Straßenpflaster: Es muß sein. Es muß sein. Das gute Gesicht vom Herrn Lutsch sagt auch: Es muß sein.

Das ist bei jedem Toten so.

Der Herr Pfarrer geht vor dem Totenwagen. Die Trauernden gehen hinter dem Totenwagen. Wenn alle Trauernden auf dem Friedhof sind, läuten die Glocken nicht mehr. Dann spricht der Herr Pfarrer, und zuletzt kommt der Tote ins Grab.

Ein Grab kauft man nicht. Ein Grab hat man. Jede Familie hat ihr Familiengrab. Meistens stirbt man zu Hause, und dann kommt man ins Familiengrab. Auf dem Grab sind schöne Blumen. Seitdem die Leute auswandern, kriegen die Gräber Betondecken. Der Friedhof ist bald ein Betonfeld.

Der Herr Fleischer kommt nicht auf den Betonfriedhof. Er wird in eine Gefrierkammer gebracht, bis er an die Reihe kommt, eingeäschert zu werden. Die Frau Fleischer kann ihn durch eine Glaswand sehen. Vor der Glaswand stehen fremde Leute, deren Tote auch im Kühlschrank gelagert sind.

Die Frau Fleischer kann nicht mehr schlafen in der Nacht, seitdem der Herr Fleischer in der Gefrierkammer liegt. Sie sagt zur Mutter von Ingrid und Uwe: Jetzt bekommt der Hans nicht einmal ein anständiges Begräbnis.

Zwei Wochen später bekommt die Frau Fleischer einen

Brief vom Bestattungsinstitut, daß der Herr Fleischer beigesetzt werden kann.

Wie alt war der Herr Fleischer? fragt Ingrid. War er älter als unser Otata?

Ja, sagt die Mutter, viel älter.

Ingrids Freundin Heike

Ingrid spielt mit Heike. Heike wohnt im Übergangswohnheim. Sie geht schon in die fünfte Klasse. Sie kommt jeden Tag zu Ingrid. Heike ist immer sehr schick angezogen. Erst sieht sie bei Elke Sturm zum Fenster hinein, und wenn Elke nicht da ist, kommt sie zu Ingrid.

Ingrid und ihre Familie essen zu Mittag.

Ißt du mit? fragt die Mutter.

Ja, sagt Heike etwas zögernd.

Sie legt den Lutscher, den sie im Mund hat, auf die Serviette und ißt mit. Nachher spielen die Mädchen mit den Barbie-Puppen.

Ingrid kommt in die Küche zur Mutter.

Die Heike möchte die Cola, die sie im Küchenschrank gesehen hat, sagt Ingrid.

Die Mutter gibt ihr die Cola.

Etwas später kommt Uwe vom Fußball nach Hause.

Ach, dieser doofe Uwe, sagt Heike leise. Aber Uwe hat es gehört. Heike, ich warne dich, sagt er, aber er sagt nicht, wovor er sie warnt.

Der Uwe ist meistens sehr nett, sagt Ingrid, du mußt nur auch nett zu ihm sein.

Uwe holt aus seinem Versteck unter dem Bett eine Tüte Bonbons hervor. Heike möchte ein Bonbon.

Kannst uns ja auch ein Bonbon geben, sagt sie zu Uwe.

Nee, sagt Uwe. Es fällt mir gar nicht ein, dir ein Zuckerl zu geben. So doof bin ich nämlich nicht.

Ingrid kommt wieder zur Mutter in die Küche.

Haben wir nichts Süßes? fragt sie. Uwe will Heike kein Zuckerl geben, und ich hab meine alle schon gegessen.

Die Mutter hat nur eine Packung Atemgold. Sie gibt Heike ein Bonbon aus der Packung.

Du lutschst ja die ganze Zeit an etwas, sagt die Mutter, so viel Süßes schadet den Zähnen.

Ich hab in der DDR so lange keine Süßigkeiten gehabt, sagt Heike, und hier gibt es so viele. Aber eigentlich esse ich nicht zuviel davon, sagt sie und vernascht fast die ganze Dreierpackung Atemgold.

Die Mädchen spielen weiter mit den Puppen. Am Abend, als Heike nach Hause geht, fragt sie Ingrid, ob sie die Barbie-Puppen mitnehmen darf. Ingrid leiht ihr die Puppen.

Die hab ich vom Herrn Günther geschenkt bekommen, sagt Ingrid.

So eine Sauerei, sagt Heike. Mir hat er keine geschenkt.

Die Mutter mischt sich ins Gespräch ein. Herr Günther ist nicht verpflichtet, dir etwas zu schenken, sagt sie. Mit Ingrid ist er befreundet. Darum hat er ihr die Puppen geschenkt.

Ach, so ist das, sagt Heike gedehnt und verschwindet mit den Puppen.

Am nächsten Tag ist Heike wieder da.

Hast du zu Mittag gegessen? fragt die Mutter.

Nee, bei uns gibt's heute nichts, sagt Heike.

Wieso denn das? fragt die Mutter.

Es ist keiner da, sagt Heike.

Die Mutter bringt noch einen Teller für Heike. Sie

denkt, daß das Essen nun nicht auch noch für den nächsten Tag reicht und daß sie für morgen wieder kochen muß, weil Heike mitißt. Im selben Augenblick hat sie Gewissensbisse, weil sie so denkt. Sie füllt Heikes Teller mit Gulasch.

Heike möchte am Nachmittag gerne baden gehen.

Gehen wir heute nicht ins Schwimmbad? fragt Ingrid. Heike möchte baden gehen.

Das ist eine gute Idee, sagt die Mutter. Sie packt die Badesachen zusammen. Heike holt ihre Badesachen.

Ich habe aber kein Geld für eine Karte, sagt sie.

Das macht nichts, sagt die Mutter, wir haben Karten. Wir haben auch für dich eine.

Im Schwimmbad springt Heike gleich ins große Becken, sie kann gut schwimmen. Ingrid geht ins kleine Schwimmbecken.

Erst beim Nach-Hause-Gehen erinnert sich Heike, daß sie mit Ingrid ins Schwimmbad gekommen ist. Sie braucht nämlich zehn Pfennig für den Fön.

Heike kommt jeden Tag zu Ingrid.

Manchmal hat Ingrid Arbeit.

Komm, hilf mir, sagt sie zu Heike.

Ingrid schält Kartoffeln.

Das kann ich nicht. Ich hab noch nie Kartoffeln geschält, sagt Heike.

Das ist nicht eine Sache des Könnens, sondern nur eine des Wollens, sagt die Mutter.

Heike schält eine Kartoffel. Ich glaube, ich habe mich überschätzt, sagt sie und legt die Hände in den Schoß.

Du mußt keine Kartoffeln schälen, sagt die Mutter.

Heike schält noch eine Kartoffel, und dann ist Ingrid auch schon fertig.

Elke kommt zu Ingrid spielen.

Die Mutter deckt den Tisch. Für vier Personen. Heike kommt in die Küche und setzt sich an den Tisch.

Wann kommt deine Mutter nach Hause? fragt die Mutter.

Um drei Uhr, sagt Heike.

Es ist bald drei Uhr, sagt die Mutter.

Na ja, sagt Heike.

Die Mutter ruft Ingrid und Uwe zum Essen in die Küche.

Heike, würdest du nicht zu Elke ins Zimmer spielen gehen? Wir möchten essen, sagt die Mutter, du mußt ja wohl auch bald zum Essen gehen.

Ihr habt aber besseres Essen als wir, sagt Heike und hebt sich nicht vom Stuhl. Sie lutscht an einem Lutscher. Ingrid steht neben Heikes Stuhl. Sie hat keinen Platz am Tisch. Endlich erhebt sich Heike vom Stuhl und geht zu Elke ins Zimmer. Ingrid setzt sich an den Tisch. Alle essen.

Die Mutter hat keinen Appetit.

Soviel Dreistheit bei einem Kind ist mir noch nicht begegnet, sagt sie. Heike nützt Ingrid nur aus.

Sie darf zu Hause nicht sagen, daß sie bei uns ißt, sagt Ingrid, ihre Mutter läßt sie nicht bei anderen Leuten essen.

Ich hoffe, daß ihr euch nie so benehmt, sagt die Mutter zu Ingrid und Uwe.

Die Senta von der Frau Krüger

Am Freitag geht die Frau Klein zur Frau Krüger putzen. Dafür kriegt die Frau Klein Geld.

Die Frau Krüger wohnt allein in einem großen Haus. Ihre Kinder wohnen anderswo.

Die Frau Krüger hat also nur die Senta. Die Senta ist ein Hund.

Die Frau Krüger ist schon sehr alt und sieht nicht mehr so gut. Die Frau Klein sieht aber sehr gut. Sie sieht die Haare von der Senta auf dem Teppich im Wohnzimmer und ärgert sich. Sie ärgert sich aber nicht über die Senta, sondern über die Frau Krüger.

Wenn die Frau Klein Fleisch kocht, schabt sie alle Fleischreste von den Knochen ab und tut sie in eine Tüte für die Senta. Die Tüte legt sie in den Kühlschrank. Ingrid und Uwe sammeln auch Fleischabfälle für die Senta, die sie gar nicht kennen.

Alles im Haus wird gesammelt: die Schraubgläser zum Marmeladeeinkochen, das alte Brot für die Tiere im Zoo und die Fleischabfälle für die Senta.

Frißt die Senta keine Knochen? fragt Uwe.

Nein, sagt die Frau Klein, sie kann sich dran verschlukken. Die Senta ist das nicht gewöhnt.

Der Hund von meinem Otata, sagt Ingrid, der hat Knochen sehr gern gefressen. Der hat auch Mäuse und Ratten gefangen. Die hat er aber nicht gefressen.

Das ist halt ein Hund vom Land, sagt die Frau Klein. Sie ist auch vom Land und kennt sich aus.

Wenn ich der Senta nichts mitbringe, erzählt die Frau Klein, dann sagt die Frau Krüger: Senta, man hat uns nicht mehr gern, man hat uns heute nichts gebracht.

Darüber ärgert sich die Frau Klein noch mehr als über die Haare auf dem Teppich.

Die Frau Krüger sagt der Frau Klein immer, was sie tun soll. Aber als die Senta Junge gekriegt hat, da war es umgekehrt.

Die Frau Krüger ist im Zimmer auf und ab gegangen und hat immer wieder gefragt: Frau Klein, was soll ich tun?

Die Frau Klein hat gesagt, die Frau Krüger soll ruhig sein und nicht mehr auf und ab laufen. Das macht die Senta nur nervös.

Die Frau Klein durfte gar nicht putzen, sie mußte neben der Senta sitzen, bis die Senta zwei Junge auf die Welt gebracht hatte.

Die Frau Klein war sehr nervös, denn sie hat sich gedacht, daß die Frau Krüger ihr für das Neben-der-Senta-Sitzen vielleicht nichts zahlt, und sie hätte viel lieber die Wohnung geputzt. Aber die Frau Krüger hat der Frau Klein für das Neben-der-Senta-Sitzen genausoviel bezahlt wie fürs Putzen. Als die Frau Klein dann nach Hause gegangen ist, hat die Frau Krüger zweimal gesagt: Ich kann Ihnen gar nicht sagen, wie dankbar ich Ihnen bin.

Die Frau Klein hat das Geld genommen, obwohl sie an dem Tag nichts gemacht hat, und hat sich gewundert.

Was ist mit den Jungen passiert? will Ingrid wissen.

Die haben die Enkelkinder von der Frau Krüger bekommen, sagt die Frau Klein.

Wenn wir einmal eine Wohnung haben, dann wünsch ich mir zum Geburtstag und zu Weihnachten nichts anderes als einen Hund, sagt Uwe. Einen Drahthaarfoxel wie den vom Otata.

Die Nachbarn ziehen aus

Die Frau Klein und die Frau Prochazka haben eine gemeinsame Freude. Die Frau Klein zieht aus. Darüber freut sie sich. Die Frau Prochazka freut sich auch.

Bevor die Frau Klein und ihre Familie ausziehen, machen sie noch schnell aus einem halben Schwein Wurst. Die Frau Klein putzt die Därme für die Wurst im Badezimmer. Im Vorzimmer ist es so glatt wie auf einem Eislaufplatz. Zuletzt läßt die Frau Klein das Fett aus. Dann putzt sie überall und geht in ihre neue Wohnung.

Die Mutter putzt noch einmal alles, vor allem die Kacheln im Bad und in der Küche. Dabei schimpft sie fürchterlich. Die Frau Klein kann sie aber nicht hören, weil die ja in ihrer neuen Wohnung ist.

Die Frau Prochazka interessiert die Putzerei von der Mutter überhaupt nicht. Sie soll nämlich auch bald ausziehen.

Am Abend sitzt die Frau Prochazka in der Küche und weint.

Stellen Sie sich vor, sagt sie zur Mutter, jetzt hab ich meine Stelle verloren. Was mach ich nur? Wir haben Möbel, einen Kühlschrank und was weiß ich was alles noch bestellt. Jetzt muß ich die Bestellungen rückgängig machen. Wir können die Sachen nicht bezahlen.

Die Mutter sagt zur Frau Prochazka, sie soll in der Zeitung nach Stellenangeboten sehen, denn manchmal werden Verkäuferinnen gesucht. Die Frau Prochazka wird bestimmt wieder eine Stelle finden.

Die Mutter spricht so lange mit der Frau Prochazka, bis die es auch glaubt.

Nachdem die Nachbarn ausgezogen sind, haben Ingrid, Uwe und ihre Eltern ein Zimmer, eine Küche, ein Bad und ein Klo ganz für sich.

Ich bin gespannt, wie lang wir allein in der Wohnung bleiben, sagt die Mutter.

Ich auch, sagt Ingrid. Ich wünsch mir, daß bald eine Familie mit einem Mädchen einzieht, das in die erste Klasse geht.

Ich wünsch mir, daß niemand einzieht, sagt Uwe.

Ich auch, sagen die Mutter und der Vater wie aus einem Mund.

Neue Nachbarn

Eine Woche lang wohnen Ingrid und Uwe mit ihren Eltern allein in der Wohnung. Dann kommen Neue. Sie heißen Frau und Herr Schuster und Christine. Die Christine ist das Kind. Sie ist aber schon groß und spielt nicht mehr mit Puppen. Die Frau Schuster sagt, die Christine wäre schon längst verheiratet, wenn sie nicht nach Deutschland gekommen wären. Sieben Jahre haben sie auf die Ausreise gewartet, und nun sind sie da.

Gleich am ersten Tag fragt die Frau Schuster, ob sie die Wohnung putzen soll. Sie braucht sie aber nicht zu putzen, denn die Wohnung ist sauber. Nur die Treppen sind dreckig, denn die gehören niemand. Die Frau Schuster wischt die Treppen auf, und jetzt gehört das Treppenhaus zu ihrer Wohnung.

Die Mutter zeigt der Frau Schuster, wohin sie ihre Sachen tun kann. Ingrid, Uwe und der Vater gehen einkaufen. Sie nehmen auch den Herrn Schuster und die Christine mit und zeigen ihnen, wie man einkauft.

Uwe holt einen Einkaufswagen, und Ingrid legt Rama, Zucker, Kartoffeln und Milch in den Wagen. Alles, was der Herr Schuster von der Liste abliest, die die Frau Schuster und die Mutter aufgestellt haben.

Uwe und Ingrid kennen sich aus. Der Herr Schuster staunt über die Kinder.

Wenn wir Wurst kaufen, bekommen wir jedesmal eine Scheibe Wurst vom Verkäufer, sagt Uwe zum Herrn Schuster. Der Vater muß Wurst kaufen, damit der Herr

Schuster sieht, wie Uwe und Ingrid eine Scheibe Wurst bekommen.

Als sie nach Hause kommen, wundert sich die Frau Schuster über die schön verpackten Einkäufe. Sie fragt: Was hat das gekostet? Und: Ist das teuer oder ist das billig?

Mit den Preisen kenne ich mich auch noch nicht so genau aus, sagt die Mutter. Deshalb weiß ich manchmal gar nicht, was ich kaufen soll.

In Rumänien, sagt die Frau Schuster, haben wir gekauft, was es gab. Gab es nichts, haben wir nichts gekauft.

Das Einkaufen ist hier auch nicht leicht, sagt der Herr Schuster. Zu Hause haben wir gar nicht viel einkaufen müssen. Wir haben zwei Kühe, eine Büffelkuh und zwei Schweine gehabt, auch Hühner und einen großen Garten mit Gemüse und mit Kukuruz*... Jetzt ist zu Hause die Zeit zum Kukuruzhacken.

Ich bin froh, daß wir hier sind, sagt die Christine und macht sich den Rücken gerade, so als hätte sie den ganzen Tag Kukuruz gehackt.

* *Kukuruz* – Mais

Ingrid findet eine Freundin

Vater und Ingrid gehen am Morgen zusammen aus dem Haus. Ingrids Schultasche ist schwer.

Was hast du denn alles drin? fragt der Vater.

Ich hab alles doppelt drin, sagt Ingrid.

Warum? fragt der Vater.

Die Sylvie vergißt immer ihre Sachen, sagt Ingrid, ich leihe ihr meine. Vielleicht wird sie meine Freundin.

Zu Mittag verspätet sich Ingrid um eine halbe Stunde.

Wo warst du so lange? fragt die Mutter.

Ich hab eine Freundin, sagt Ingrid und strahlt vor Glück. Wir sind vor ihrem Haus gestanden und haben geschwatzt. Ich habe ihr von meinen Puppen erzählt. Morgen nachmittag kommt sie zu mir.

Ingrid fragt die Mutter mehrere Male: Denkst du, daß Sylvie morgen zu mir kommt, oder wird sie es vergessen? Ich hab Angst, sie vergißt es. Ich werde sie in der letzten Stunde noch einmal daran erinnern.

Und sag ihr auch, wo wir wohnen, sagt die Mutter.

Als Ingrid am nächsten Tag aus der Schule kommt, ist sie sehr schweigsam. Sie setzt sich gleich an den Tisch und macht ihre Hausaufgaben.

Ist etwas passiert? fragt die Mutter.

Nein, sagt Ingrid.

Kann Sylvie heute nicht kommen? fragt die Mutter.

Nein, sagt Ingrid. Ich wollte ihr unsere Adresse sagen. Sylvie hat ›Laß mich in Ruh‹ gesagt und ist mit einem anderen Mädchen weggegangen.

Ingrids Mutter geht hinaus. Sie geht ins Treppenhaus und klingelt im zweiten Stock bei der Familie Zimmermann, und ein wenig später kommt sie mit einem Mädchen an der Hand zurück.

Ingrid läßt die Schulaufgaben liegen, und diesmal hat die Mutter nichts dagegen.

Ingrid und Birgit spielen, bis es dunkel wird.

Kann ich morgen wieder kommen? fragt Birgit, als sie nach Hause geht.

Ja, sagt Ingrid, ich hol dich ab, damit du's nicht vergißt.

Ich vergesse es nicht, sagt Birgit, ich habe nämlich keine Freundin.

Ich auch nicht, sagt Ingrid.

Tschüs, bis morgen, sagt Birgit.

Tschüs, bis morgen, sagt Ingrid.

Der Erste Mai

In Rumänien haben sie nur drei Feiertage im Jahr gehabt: den Ersten Mai, den Nationalen Feiertag und Neujahr. Jetzt fällt der Nationale Feiertag weg, und es kommen viele andere Feiertage dazu. Dolfonkel sagt, den Ersten Mai kann man weiterfeiern, aber ohne Marschieren und ohne Durcharbeiten zu Ehren des Feiertages.

Dolfonkel ist Vaters neuer Freund. Krimitante ist Mutters neue Freundin. Sie kennen sich aus dem Übergangswohnheim. Dolfonkel und Krimitante wohnen schon seit einem Jahr im Wohnheim, weil sie arbeitslos sind.

Dolfonkel heißt eigentlich Adolf Sturm. Er wird aber Dolf genannt. Ingrid und Uwe sagen Dolfonkel. Die Frau Sturm heißt Kriemhilde, aber alle sagen Krimi zu ihr. Ingrid und Uwe sagen Krimitante. Krimitante und Dolfonkel haben eine Tochter. Sie heißt Elke. Elke geht in die sechste Klasse.

Elke hat keine Lust, den Ersten Mai zu feiern.

Auch ihre Eltern und die Eltern von Ingrid und Uwe haben keine rechte Lust zum Feiern.

Feiern ist aber besser als im Wohnheim sitzen. Darum machen sich die beiden Familien auf den Weg zum Grillplatz am Stadtrand.

Dolfonkel bringt den Grill, die Lebensmittel, Ingrids Spielsachen und noch vieles andere mit dem Wagen zum Grillplatz. Die Kinder fahren mit. Die Frauen und der Vater gehen zu Fuß.

Es ist schönes Wetter.

Der Grillplatz liegt in der Sonne.

Dolfonkel und der Vater stellen den Grill auf. Die Frauen decken den Tisch. Elke legt sich auf eine Decke in die Sonne. Der Kassettenrecorder geht. Elke hört den ganzen Tag Lieder von Elvis. Sie schwärmt für Elvis.

Ingrid übt Seilspringen.

Elke erzählt Uwe einen Ostfriesenwitz.

Uwe erzählt Witze über die Oltener.

Die Oltener sind die Ostfriesen der Rumänen.

Die Witze sind dieselben.

Die Kinder lachen.

Auch die Erwachsenen lachen. Dolfonkel öffnet eine Flasche Wein. Krimitante will keinen Wein trinken, weil sie nie Wein trinkt. Die Männer reden ihr zu, ein Glas Wein zu trinken. Krimitante trinkt dann doch drei Gläser Wein, weil der Dolfonkel das Fleisch zu stark gepfeffert hat und weil der Apfelsaft für die Kinder bleiben soll. Die Kinder haben ständig Durst.

Krimitante ist nach dem Essen sehr lustig. Sie lacht viel. Beim Aufräumen kann sie nicht helfen, denn sie hat einen Schwips. Sie sagt: Dolfi, ich kann die Teller nicht abwaschen, ich seh sie doppelt.

Dolfonkel sagt: Keine Sorge, ich mach es. Ich bin zwar kein Bubiwaschab, aber diesmal mach ich es.

Ingrid, Elke und Uwe spielen im Wald Verstecken.

Als die Sonne untergeht, wird es kalt. Die Frauen packen die Sachen zusammen. Das Geschirr ist noch immer schmutzig. Krimitantes Schwips ist verflogen.

Am späten Nachmittag sind sie wieder im Wohnheim. Alle sind zufrieden mit dem Tag. Nur Krimitante nicht, weil sie abwaschen muß.

Ingrid und Uwe gehen am Abend früh ins Bett. Sie sind müde.

Das waren schöne Pfingsten, sagt Ingrid.

Das war doch nicht Pfingsten, sagt Uwe, das war doch der Erste Mai.

Ach so, sagt Ingrid.

Der Briefträger kommt

Um elf Uhr kommt der Briefträger. Wenn der Briefträger kommt, stehen viele Leute aus dem Übergangswohnheim vor dem Haus bei den Briefkästen. Sie warten auf Post. Ein Brief aus Rumänien braucht ungefähr drei Wochen, bis er ankommt.

Wer keine Arbeit hat, hat Zeit. Wer Zeit hat, kann auf den Briefträger warten.

Der Vater von Ingrid und Uwe hat Zeit. Er geht aber nur selten vor elf Uhr zum Briefkasten.

Manchmal steht er am Fenster und schaut auf die Straße. Das Zimmer liegt im vierten Stock.

Der Briefträger kommt auf dem Fahrrad. Wenn es regnet, hat er eine gelbe Pelerine um. Man erkennt ihn von weitem.

Der Vater geht hinunter.

Die Männer stehen um den Briefträger herum. Der Briefträger liest die Namen von den Briefen laut vor und verteilt einen Teil der Briefe an die Leute, die auf ihn gewartet haben.

Manchmal bringt der Vater einen Brief von den Großeltern hoch, manchmal einen vom Arbeitsamt oder von anderen Ämtern.

Die Briefe vom Arbeitsamt öffnet er zuerst.

Was steht drin? fragt die Mutter.

Wieviel Arbeitslosengeld ich bekomme, sagt der Vater.

Sonst nichts? fragt die Mutter.

Nein, sagt der Vater.

Die Briefe aus Rumänien liest der Vater laut vor. Die Großeltern schreiben lange Briefe. Sie schreiben nur Gutes über Rumänien in den Briefen, weil sie hoffen, daß sie zu Besuch kommen dürfen. Die rumänischen Behörden lassen sie aber nicht zu Besuch kommen, obwohl sie nie etwas Schlechtes über Rumänien schreiben.

Die Großeltern schreiben viele Briefe.

Im Übergangswohnheim wartet man jeden Tag auf Post.

Vor dem Haus

Ingrid wünscht sich zu ihrem Geburtstag nichts anderes als eine Babypuppe. Nicht irgendeine, sondern genau so eine, wie Elke sie hat. Ein Geburtstag ohne Puppe ist kein Geburtstag, sagt Ingrid.

Was bleibt den Eltern da übrig?

Sie kaufen also die Puppe.

Ingrid ist sehr glücklich. Die Puppe sitzt beim Essen neben ihr und schläft mit ihr im Bett. Sie sieht wie ein richtiges Baby aus, und ihre Kleider sind richtige Babykleider.

Ingrid geht mit ihrer Puppe vor dem Haus spazieren. Sie begegnet Sylvie.

Was für eine schöne Puppe du hast, sagt Sylvie. Man denkt, du hast ein richtiges Baby.

Etwas später kommt noch ein Mädchen dazu. Es ist älter als Ingrid und Sylvie und spielt nicht mehr mit Puppen. Sylvie und das Mädchen sind Freundinnen.

Was für einen dicken Kopf deine Puppe hat, sagt das Mädchen. Deine Puppe hat einen Wasserkopf.

Sylvie sagt: Ich glaub, auch die Kleider sind keine richtigen Babykleider.

Laßt mich in Ruhe, sagt Ingrid und geht weg. Sylvie und das Mädchen gehen hinter ihr.

Wenn ein Erwachsener an den Mädchen vorbeigeht, sagt das größere Mädchen zu Ingrid: Du hast meine Puppe gestohlen! Gib sie her!

Ingrid ärgert das sehr. Sie geht rascher, aber auch die

beiden anderen Mädchen gehen rascher. Immer wieder kommen Erwachsene vorbei.

Ein Mann bleibt stehen und sagt zu Ingrid: Schämst du dich nicht, die Puppe zu stehlen? Gib sie sofort zurück!

Das ist aber meine Puppe, sagt Ingrid.

Sie lügt, sagen die beiden anderen Mädchen, und dann fangen sie plötzlich an zu lachen und laufen weg.

Also so was, sagt der Mann und geht weiter.

Ingrid geht nach Hause.

Ich spiel nicht mehr draußen, sagt sie zum Vater.

Laß dich nicht so leicht einschüchtern, sagt der Vater. Wenn es zu arg wird, dann ruf mich herunter.

Ingrid stellt Fragen

Ingrid kann nicht verstehen, warum ihre Familie ausgewandert ist. In Rumänien hat der Vater eine Arbeit gehabt. Er hat als Forstingenieur in einem Büro gearbeitet. Die Mutter hat auch ihre Arbeit gehabt. Jetzt sitzen die Eltern den ganzen Tag zu Hause und schreiben Bewerbungen.

Ingrid sagt zum Vater: Wir haben in Rumänien alles gehabt, was wir gebraucht haben, Butter, Milch, auch Benzin. Warum sind wir hergekommen? Jetzt sind wir so weit weg von der Griesi und vom Otata.

Erinner dich, sagt der Vater, wie oft wir Schlange gestanden sind um Butter, um Milch oder um Benzin, und wie kalt es in unserer Wohnung war im letzten Winter.

Ingrid erinnert sich noch gut an den letzten Winter.

Der Vater war nach der Arbeit meistens unterwegs auf der Suche nach Lebensmitteln.

Auch Ingrid und Uwe mußten oft Schlange stehen, um Milch oder Butter zu kaufen.

Beim Schlangestehen um Fleisch war das Gedränge im Geschäft so groß, daß es für Kinder gefährlich wurde. Ingrid und Uwe mußten darum nie um Fleisch anstehen. Nur manchmal um Hähnchen, wenn sie draußen im Freien verkauft wurden.

Sind wir wegen dem Schlangestehen ausgewandert? fragt Ingrid.

Das ist nicht so einfach, sagt der Vater. Es gibt viele Gründe dafür. Es wandern eben viele aus, du siehst es ja selbst. Die Hälfte der Rumäniendeutschen lebt heute in der Bundesrepublik. Wir wollten nicht mehr länger warten. Wenn du größer bist und wenn es dich dann noch interessiert, werde ich dir das alles besser erklären können.

Der Vater setzt sich an den Tisch und liest die Stellenangebote in der Zeitung.

Ingrid holt sich eine Banane aus der Küche, kriecht auf das Etagenbett und sieht sich aufmerksam im Zimmer um. Im Zimmer sind vier Eisenbetten, ein Tisch, vier Stühle und ein Schrank. Auf dem Fußboden ist Linoleum. Das Zimmer ist ungemütlich.

Geht es uns hier besser als in Rumänien? fragt Ingrid.

Im Augenblick geht es uns nicht besonders gut. Wenn ich eine Arbeitsstelle finde, wird es uns aber gutgehen, sagt der Vater.

Findest du eine Arbeitsstelle? fragt Ingrid.

Ich hoffe es. Mach dir keine Sorgen, sagt der Vater, irgendwann finde ich bestimmt eine Stelle. Ich verspreche es dir.

Ingrid sagt nichts mehr. Wenn der Vater etwas verspricht, dann hält er es auch. Jedenfalls war das bisher immer so.

Hoffentlich kann er sein Versprechen auch diesmal halten, denkt Ingrid.

Werbefahrt nach Luxemburg

Der Herr Schuster hat im Briefkasten eine Einladung zu einer Werbefahrt nach Luxemburg gefunden. Er zeigt sie der Mutter von Ingrid und Uwe.

Ich möchte ja gerne eine schöne Reise machen. So billig, wie das hier steht, sagt der Herr Schuster.

Ich auch, sagt die Mutter. Ich möchte nur wissen, was die Firma, die die Reise organisiert, zu verkaufen hat.

Der Herr Schuster liest aus dem Werbeprospekt vor: Teilnahme an der Verkaufs... Der Herr Schuster stottert.

...show, liest die Mutter weiter.

Herr Schuster schiebt sich die Brille zurecht und liest weiter: Verkaufsshow ist nicht verpflichtend.

Das heißt, daß wir nichts kaufen müssen, sagt die Mutter.

Ich fahr hin, sagt der Herr Schuster, ich find bestimmt nicht jeden Tag so eine schöne Einladung im Postlädchen.

Auch der Dolfonkel, die Krimitante und die Elke fahren mit. Zu guter Letzt fahren alle von der vierten Etage mit. Der Ausflug findet gerade am schulfreien Samstag statt. Ingrid und Uwe müssen noch früher aufstehen als sonst.

Draußen regnet es.

Der Herr Schuster klopft an die Tür. Beeilt euch, ruft er, sonst kommen wir zu spät.

Um sechs Uhr sind alle Fahrtteilnehmer aus dem Heim auf dem Berliner Platz versammelt. Es kommen immer mehr Leute zur Versammlungsstelle. Die Leute warten schweigend im strömenden Regen.

Nur einer schimpft: Ist das die deutsche Pünktlichkeit?

Endlich kommen die Busse, und alle Leute steigen ein. Ingrid wird ganz naß von einem Regenschirm, von dem es ihr auf den Kopf tropft.

Im Bus ist es warm.

Ingrid und Uwe haben Fensterplätze.

Der Busfahrer sagt, daß er Herbert heißt. Dann fährt er los. Ingrid und Uwe schlafen ein. Sie wachen auf, als der Fahrer vor einem Gasthaus hält. Dort steigt die Irene zu ihnen in den Bus. Die Irene ist die Reiseleiterin. Sie sieht aus wie eine von den Frauen aus den Filmen, die Ingrid und Uwe nicht sehen dürfen. Sie ist stark geschminkt und hat einen Pelz an, obwohl es gar nicht Winter ist.

Die nimmt jetzt bestimmt das Mikrophon und singt etwas, sagt Ingrid. Die Irene nimmt wirklich das Mikrophon. Aber sie singt nicht, sie spricht nur. Sie spricht ganz, ganz viel. Sie sagt, daß Pelze das Leben schöner machen und daß man Pelze auch in Raten kaufen kann. Geld sei nicht alles, sonst würden Curd Jürgens, Grace Kelly und noch andere auch jetzt noch leben.

Ingrid und Uwe wissen nicht, wer die Verstorbenen sind und warum sie nicht mehr leben. Sie fragen die Mutter.

Das erklär ich euch später, sagt sie. Die Kinder fragen den Herrn Schuster, der kennt sich aber auch nicht aus.

Die Irene redet inzwischen weiter. Sie sagt, daß das Essen in Deutschland viel billiger ist als in Luxemburg, und jetzt würden sie gleich im Gasthof Schmollinger halten, und jeder könne essen. Ein Jägerschnitzel koste 9,50 DM und ein extra magerer Schweinebraten 10,50 DM. Die Irene nimmt gleich im Bus die Bestellungen entgegen, dann teilt sie die Leute nach Jägerschnitzel und Schweinebraten ein, und alle setzen sich im Gasthaus in dieser Ordnung an die Tische.

Der Regen klatscht an die Fensterscheiben.

Die Mutter ist verärgert. Der Vater auch.

Das hätten wir uns denken können, sagt er.

Was hätten wir uns denken können? fragt Ingrid.

Daß wir auf dieser Reise nicht tun können, was wir wollen, sondern tun müssen, was die Reiseveranstalter wollen, sagt der Vater.

Die Reiseveranstalter wollen, daß alle Frauen der Reihe nach in ein kleines Zimmer gehen und sich dort Pelze ansehen. Die Mutter weigert sich.

Ich kaufe keinen Pelz, sagt sie. Jetzt will ich essen. Wenn ich schon in diesem Gasthof essen muß, dann will ich jetzt essen.

Aber das Essen kommt nicht. Auch Ingrid und Uwe haben Hunger. Die Mutter fragt die Kellnerin, was mit dem Essen sei. Die Kellnerin flüstert der Mutter ins Ohr: Die Irene läßt uns nicht servieren, bis nicht alle Damen die Pelze gesehen haben.

Ingrid und Uwe wollen die Pelze hinter der geheimnisvollen Tür unbedingt sehen. Krimitante nimmt Elke, Ingrid und Uwe zu den Pelzen mit.

Die Irene holt gleich einen schönen Pelz, und die Krimitante zieht ihn an. Sie knöpft ihn zu, macht ein paar Schritte vor dem Spiegel, streichelt den Pelz und seufzt: Ach, ist der schön! Dann knöpft sie ihn auf und zieht ihn aus. Wir sind Aussiedler, sagt die Krimitante, mein Mann ist arbeitslos. Ich kann mir leider keinen Pelz leisten.

Die Irene sagt, es ist keine Schande, wenn man kein Geld hat. Sie sagt auch noch, daß man den Pelz in Ratenzahlung kaufen kann und daß man etwas vom Leben haben soll. Die Krimitante läßt sich nicht überreden. Sie gehen alle wieder in den Eßraum. Ohne die Irene und ohne den Pelz.

Endlich, endlich kommt das Essen. Alle sind hungrig. Allen schmeckt es. Nur der Frau Schuster schmeckt es nicht. Sie will einen Pelz kaufen. Die Irene sagt, er sei nicht teurer als ein Wintermantel, und die Frau Schuster braucht dringend einen Wintermantel. Der Herr Schuster will das nicht einsehen.

Nach dem Essen geht die Fahrt weiter nach Luxemburg. Die Irene sagt ihnen noch, was man in Luxemburg billig kaufen kann. Sie fährt nicht mit.

In Luxemburg scheint die Sonne. Ingrid und Uwe vergessen alle Müdigkeit, als sie die riesigen Brücken sehen, die sich über die Täler spannen. So riesige Brücken haben sie noch gar nicht gesehen. Unter den Brücken sind Häuser und Straßen.

Das gibt's ja gar nicht! sagt Uwe, und das ist ein neuer Ausdruck für seine Begeisterung.

Ingrid wird es schwindlig vom Hinunterschauen.

Dann ist es auch schon Zeit, zum Bus zu gehen.

Der Vater geht noch schnell in ein Geschäft. Das Geschäft ist voll mit Werbefahrtreisenden, die Zigaretten kaufen. Auch der Vater kauft Zigaretten. Zigaretten sind in Luxemburg billiger als in Deutschland.

Die Mutter sagt: Diese Werbefahrt nach Luxemburg war viel Fahrt und wenig Luxemburg. Es hat sich aber trotzdem gelohnt.

Nur die Frau Schuster ist noch immer enttäuscht, weil sie keinen Pelzmantel bekommen hat. Und dann sagt auch noch die Frau Binder aus dem ersten Stock: Ich hab mir einen Pelzmantel gekauft. Einen Hasenpelz. In vierundzwanzig Raten. Ich geh bald in Rente, und dann kann ich mir nichts mehr leisten. Da hab ich mir vorher auch einmal etwas Schönes für mich gekauft.

Sie nennt auch den Preis.

Die Frau Schuster sieht den Herrn Schuster traurig an. Da flüstert die Mutter der Frau Schuster ins Ohr: Den Hasenpelz können Sie um ein Zehntel des Preises beim Woolworth im Ausverkauf bekommen.

Die Frau Schuster wird blaß und sagt auf der ganzen Heimreise kein Wörtchen mehr.

Ingrid und Uwe schlafen im Bus sofort ein. Ingrid träumt von Füchsen, Hasen, Schafen und Tigern, die als Pelze um die Schultern von der Mutter, von der Krimitante und von den anderen Frauen liegen und ihr zublinzeln.

Ein komisches Erlebnis

Die Frau Schuster und der Herr Schuster gehen am See im Naherholungsgebiet spazieren. Der See liegt neben einem Wald. Den Waldweg entlang stehen überall Autos. Neben einem Auto steht ein ganz nackter Mensch. Die Frau Schuster und der Herr Schuster gehen schnell weiter. Sie genieren sich und sehen deshalb angestrengt auf den Boden. Als sie weitergehen, sehen sie auch auf dem Boden lauter Nackte. Die Frau Schuster und der Herr Schuster

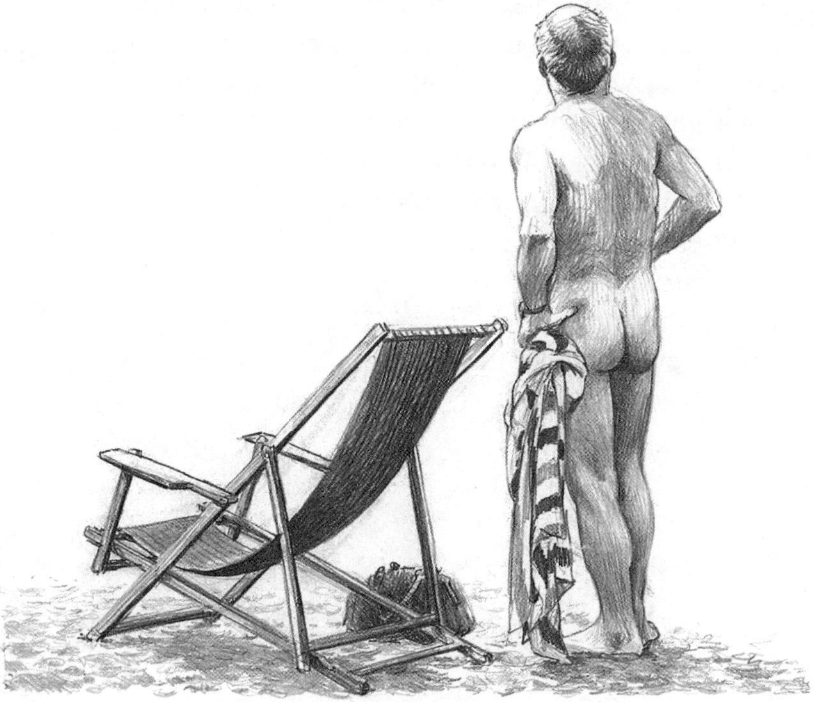

wissen nicht, wohin sie sehen sollen. Die Frau Schuster schaut den Herrn Schuster an, der Herr Schuster schaut die Frau Schuster an. Beim ersten Weg in den Wald verlassen sie den See. Sie kommen auf einem großen Umweg nach Hause.

Die Mutter und Uwe sind gerade in der Küche, als die Frau Schuster und der Herr Schuster von ihrem Spaziergang kommen.

Wir haben etwas ganz Komisches erlebt, sagt die Frau Schuster. Als sie mit dem Erzählen fertig ist, fragt sie: Na, was sagen Sie dazu?

Sie waren am Nacktbadestrand, sagt die Mutter. Sie muß lachen. Sie lacht aber nicht, sondern bückt sich und hebt eine Zwiebelschale auf.

Wir gehen ja auch hin, sagt Uwe.

Wirklich? fragt die Frau Schuster. Ist das jetzt modern?

Man muß sich dran gewöhnen, sagt die Mutter, dann gefällt es einem.

Ich bin zu alt, sagt die Frau Schuster, an das kann ich mich bestimmt nicht mehr gewöhnen. Und daß anständige Leute auch hingehen, das hätte ich nicht gedacht.

Der Herr Schuster muß arbeiten

Die Frau Schuster hat gesagt, der Herr Schuster muß arbeiten, sonst wird er krank. Der Herr Schuster hat immer schwer gearbeitet, und jetzt kann er nicht einfach nichts tun. Er schrubbt den ganzen Tag am Waschbecken herum und versucht aus alten Fahrrädern vom Sperrmüll ein neues zusammenzubauen. Das ist aber noch lange keine wirkliche Arbeit für ihn.

Eines Tages kommt ein Weinbauer ins Übergangswohnheim und sucht Arbeiter für seine Weinberge.

Der Herr Schuster ist ganz froh, daß er in den Weinberg arbeiten gehen darf. Jetzt hat er eine Arbeit und muß nicht mehr unnütz herumsitzen. Er bekommt sieben Mark die Stunde.

Die Mutter schüttelt nur den Kopf.

Am nächsten Tag geht Herr Schuster schon sehr früh aus dem Haus. Es ist ein ganz, ganz heißer Tag. Als der Herr Schuster am Abend nach Hause kommt, ist er sehr müde.

Ich hab dem Bauern gezeigt, daß ich arbeiten kann, sagt er. Ich bin hundemüde, aber der Bauer konnte auch nicht mehr. Er ist auf dem Traktor zwischen den Reben gefahren und hat die Erde aufgelockert, und ich bin mit der Hacke hinter ihm gegangen und hab die Erde an die Reben gehackt. Ein anständiger Mensch, der Bauer, er hat mir auch eine Flasche Wein gegeben, und ich hab Kirschen klauben dürfen in seinem Garten, sagt der Herr Schuster. Er gibt Ingrid und Uwe die Kirschen, große dicke Kirschen.

Was heißt hier anständig, sagt die Mutter zu Herrn Schuster. Sieben Mark die Stunde, das ist ein Spottgeld für die schwere Arbeit. Die Frau Klein hat fürs Putzen zehn Mark bekommen. So wenig kann der Bauer auch nur Schwarzarbeitern zahlen.

Ich hätte auch umsonst gearbeitet, sagt der Herr Schuster, ob Sie es mir glauben oder nicht. Ich kann nicht nur so herumsitzen und unserem Herrgott die Zeit stehlen.

Die Mutter sagt nichts mehr.

Was ist Schwarzarbeit? will Ingrid wissen.

Frag nicht soviel, sagt die Mutter, Schwarzarbeit ist, wenn der Herr Schuster Geld verdient und keine Steuern und nichts zahlt, und wenn der Weinbauer keine Krankenkasse und nichts für den Herrn Schuster zahlt. Darüber darf man aber nicht sprechen, hast du gehört, darüber muß man schweigen.

Ingrid kennt das. Auch in Rumänien mußte man über vieles schweigen.

Die Demo

Ingrid, Uwe und die Mutter machen einen Stadtbummel. Es ist warm und angenehm. Auf den Straßen sind viele Menschen.

Jedes Kind darf sich etwas kaufen. Ingrid will ein Eis, Uwe möchte eine Cola.

Die Mutter sagt, er soll doch einen Obstsaft nehmen, der sei viel gesünder. Uwe möchte aber lieber eine Cola haben.

Plötzlich sind sie in einem großen Gedränge drin. Viele Menschen gehen die Straße entlang. Am Straßenrand sind Polizisten.

Sie tragen Helme und Schilder. In den Händen halten sie Gummiknüppel.

Die vielen Leute rufen etwas im Chor. Ingrid und Uwe verstehen nicht, was sie rufen.

Ist Krieg? fragt Ingrid.

Nein, das ist eine Demo, sagt die Mutter. Sie nimmt die Kinder fest an den Händen und drängt sich durch die Leute und durch die Polizisten bis an den Straßenrand. Sie gehen in ein Geschäft hinein.

Jetzt warten wir hier ab, bis draußen Ruhe ist, sagt die Mutter. Sie ist ganz blaß und hat feuchte Finger.

Was ist eine Demo? fragt Uwe.

Eine Demonstration. Die Leute demonstrieren gegen irgend etwas, vielleicht gegen Atomwaffen.

Ich hab mich so erschreckt, sagt Ingrid. Die Polizisten sehen gefährlich aus.

Ingrid und Uwe haben auch in Rumänien Angst vor den Polizisten gehabt, obwohl sie dort nicht bewaffnet waren.

Haben die Leute von der Demo keine Angst vor der Polizei? fragt Ingrid.

Ich glaub schon, daß manche Angst haben, sagt die Mutter, aber vielleicht haben sie eine noch größere Angst vor einem Atomkrieg.

Als sie das Geschäft verlassen, ist Ruhe auf der Straße, und für die Geschäfte ist Ladenschluß.

Morgen kaufen wir die Zeitung, und dann wissen wir, was das für eine Demo war, sagt die Mutter.

In Rumänien gehen die unzufriedenen Leute nicht auf die Straße demonstrieren.

In Rumänien bleiben die unzufriedenen Leute zu Hause und schweigen.

Uwes neue Wörter

Das erste neue Wort in Uwes Wortschatz ist Scheiße.

Alles, was bis jetzt stramm war, ist jetzt toll.

Statt nein sagt er nee.

Wenn er früher auf die Toilette ging, pischte er. Jetzt pinkelt er.

Wenn ihm etwas gelingt, dann hat er's gecheckt.

Der Fernseher heißt nur noch Glotze, und das neue Fahrrad von Ingo ist super.

Manchmal hat er null Bock aufs Lernen, obwohl er in Deutschland viel weniger Hausaufgaben hat als in Rumänien.

Uwe hat eine Menge Superfreunde.

Die Mädchen sind im allgemeinen doof und fies. Nur die Maze, die eigentlich Martina heißt, ist super, denn sie spielt Fußball. Gell?

Zu seinem Vater hat Uwe bis jetzt Tata gesagt. Jetzt sagt er Paps und schaut seinen Vater an, um zu sehen, ob er es bemerkt.

Kannst du das verstehen? fragt Uwe seine Mutter und sagt dann ganz rasch: Tu bischt e beschepperte Depp!

Mein Gott, was ist das für eine Sprache, sagt die Mutter.

Das ist eine Sprache für die Straße und für zu Hause, sagt Uwe.

Wer hat das gesagt? fragt die Mutter.

Unsere Lehrerin. Sie hat gesagt: Das ist eine Sprache für die Straße.

Und ich hab hinzugefügt: Und für zu Hause.

Ich bitte dich, sprich zu Hause anständig, sagt die Mutter.

Tschüs, Mama, sagt Uwe und geht spielen.

Tschüs, sagt die Mutter und stellt fest, daß sie nicht mehr Servus sagt wie früher.

Ein Ausflug ins Grüne

Uwe und Ingrid haben schulfrei. Es ist Donnerstag und Christi Himmelfahrt. Also ist der Donnerstag ein Feiertag.

Die Sonne scheint, es ist warm.

Ingrid, Uwe, ihre Eltern, Tante Krista und Onkel Heinrich, der Dolfonkel und die Krimitante und die Elke machen einen Ausflug ins Grüne. Tante Krista und Onkel Heinrich möchten am liebsten in der Nähe des Parkplatzes bleiben. Der Dolfonkel und die Krimitante wollen aber wandern. Elke möchte Karten spielen. Uwe möchte Fußball spielen. Der Vater, die Mutter und Ingrid möchten wandern.

Also gut, sagt Tante Krista, dann wandern wir eben.

Elke will aber nicht wandern und setzt sich ins Gras. Die Krimitante sagt: Ich fahre nicht eine Stunde Auto, um mir dann am Straßenrand den Hintern breit zu sitzen.

Als die Wanderer im Wald verschwinden, kriegt Elke Beine.

Onkel Heinrich will um vier Uhr wieder in der Stadt sein. Er ist zur Vatertagsfeier mit seinen Freunden aus dem Anglerverein verabredet. Er sieht immer wieder auf die Uhr.

Dieser Weg ist viel zu naß, sagt die Krimitante.

Tante Krista sagt: Ich würde lieber in der Sonne wandern. Aber die Mutter sagt: Im Wald ist es schöner. Und: Ich vertrage die Sonne nicht.

Also Wald ist Wald, sagt Tante Krista. Immer nur Bäume, man sieht nichts als Bäume.

Ja, was willst du denn sehen? fragt Onkel Heinrich.

Elke klagt, die Füße tun ihr weh.

Nach einiger Zeit findet der Vater eine Lichtung mit einem schönen Ausblick auf die Umgebung.

Oh, wie schön, sagt Tante Krista.

Wirklich schön, sagt die Krimitante.

Tante Krista will die Decke in der Sonne ausbreiten.

Tu sie in den Schatten, sagt Onkel Heinrich.

Aber ich will in der Sonne liegen, sagt Tante Krista.

Die Decke wird halb in die Sonne und halb in den Schatten gelegt. Auf der Sonnenseite sitzen Tante Krista, Krimitante und Elke. Auf der Schattenseite sitzen Onkel Heinrich, die Mutter und Ingrid. Uwe, der Vater und Dolfonkel sitzen auf ihren Jacken. Alle essen die mitgebrachten Brötchen.

Wer will Kaffee? fragt Krimitante.

Ich nicht, sagt Tante Krista. Wir gehen nachher in die Wirtschaft Kaffee trinken.

Die Krimitante teilt Kaffee aus.

Onkel Heinrich raucht Pfeife.

Du räucherst uns ein, Heini, sagt die Mutter.

Setz dich auf den Baumstumpf, Heinrich, sagt Tante Krista.

Ich will aber auf der Decke sitzen, sagt Onkel Heinrich.

Die Mutter und Ingrid stehen auf und setzen sich auf ihre Jacken.

Bald ist es Zeit, zurückzukehren.

Auf dem Heimweg kommen sie an einer Wirtschaft vorbei.

Hier können wir Kaffee trinken, sagt Tante Krista.
Wir haben schon getrunken, sagt die Krimitante.
Elke ist zurückgeblieben. Sie pflückt Blumen.
Onkel Heinrich ist vorausgegangen.
Als alle wieder bei den Wagen sind, sagen sie:
Es war ein sehr schöner Ausflug.
Wirklich schön heute.
Ein Ausflug ins Grüne ist immer erholsam.
Ein schöner Tag.
Das nächstemal komm ich nicht mit, sagt Uwe.

Wo ist der Herr Schuster?

Die Familie Schuster hat Besuch. Jetzt sind ganz viele Leute im Haus. Wenn viele Leute im Haus sind, geht die Mutter nicht gern in die Küche. Aber aufs Klo muß sie gehen. Und wenn sie aufs Klo muß, ist es meistens besetzt.

Das Klo ist wieder besetzt, sagt die Mutter.

Wer wohl drin ist? rätseln Ingrid und Uwe.

Die Christine ist nicht drin. Wenn die Christine drin ist, wissen es alle, denn die Christine dreht immer zuerst das Radio an, damit man das Radio hört und nicht die Geräusche aus dem Klo. Das Radio geht nicht, also ist nicht die Christine drin.

Die Gäste sitzen alle in der Küche.

Wo ist der Herr Schuster? fragt die Mutter die Frau Schuster.

Im Zimmer, sagt die Frau Schuster.

Dann kann keiner drin sein, sagt der Vater.

Es ist ja auch dunkel drin, stellt Uwe fest.

Die Tür ist aber verschlossen.

Wahrscheinlich hat sich die Tür blockiert, sagt der Vater.

Er klopft an die Tür. Es meldet sich niemand. Er wartet ein wenig, dann klopft er noch einmal an.

Es ist niemand drin, sagt er. Er holt einen Schraubenschlüssel und öffnet die Tür.

Der Herr Schuster sitzt im Dunkeln auf dem Klo.

Der Herr Schuster ist ein großer, stattlicher Mann. Er sitzt aufrecht auf dem Klo.

Der Vater schiebt die Kinder beiseite und schließt schnell die Tür.

Warum haben Sie nicht gesagt, daß Sie auf dem Klo sind? fragt der Vater den Herrn Schuster.

Ich hab gedacht, ihr laßt mich schon in Ruh, wenn ich nichts sag, antwortet der Herr Schuster. Seine Stimme klingt dumpf durch die Klotür.

Als sie wieder im Zimmer sind, sagt Ingrid zur Mutter: Du hast so ein doofes Gesicht gemacht!

Ingrid lacht.

Mir ist gar nicht zum Lachen zumute, sagt die Mutter.

Zwei Familien ziehen aus

Dolfonkel ist Tierarzt. Er bekommt eine Stelle im Schlachthaus. Darüber ist er sehr glücklich. Auch die Krimitante und die Elke sind sehr glücklich. Sie ziehen aus dem Wohnheim aus. Sie ziehen in eine andere Stadt in eine Wohnung, die in der Nähe des Schlachthauses liegt.

Alle Nachbarn helfen beim Umzug.

Der Umzug ist an einem Samstag. Dolfonkel muß am Samstag nicht ins Schlachthaus, weil am Samstag arbeitsfrei ist.

In Rumänien gab es nur einmal im Monat einen freien Samstag. Viele Leute mußten auch am Sonntag zur Arbeit gehen. Die Krimitante war in einer Textilfabrik angestellt. Sie mußte oft auch am Sonntag in die Fabrik.

Die Krimitante freut sich auf die freien Wochenenden.

Die Eltern von Ingrid und Uwe können sich nicht auf die freien Wochenenden freuen. Für sie sind alle Tage frei, und ein Tag ist wie der andere.

Auch die Frau Schuster findet eine Arbeit. Sie wird Kirchendienerin in einer evangelischen Kirche. Die Kirchenväter verschaffen dem Herrn Schuster eine Arbeit in einer Werkstatt im Dorf, wo die Frau Schuster Kirchendienerin ist. Sie bekommen eine Wohnung neben der Kirche.

Die Nachbarn helfen beim Umzug.

Die Frau Schuster sagt, daß viele Bauern aus ihrem Dorf in Deutschland Kirchendiener geworden sind. Wenn man noch ein paar Kirchen baut, dann reichen die Kirchendienerstellen für alle Leute aus ihrem Dorf.

Ingrid und Uwe sind traurig. Es tut ihnen leid, daß die Nachbarn ausziehen. Jetzt kommen wieder Neue. Wer weiß, wie die sind. Die Eltern denken dasselbe.

Uwe schreibt einen Brief

Die Mutter sagt zu Uwe schon zum zehntenmal: Schreib den Großeltern einen Brief. Hast du sie denn gar nicht mehr lieb?

Ich hab sie sehr lieb, sagt Uwe, aber das Liebhaben hat mit dem Briefeschreiben nichts zu tun. Ich schreibe nicht gern Briefe.

Aber schließlich schreibt er dann doch einen Brief, und der sieht so aus:

Liebe Griesi und lieber Otata!

Uns geht es gut. Wie geht es Euch?

Ich weiß nicht, was ich Euch schreiben soll, denn die Mama schreibt Euch ja immer alles.

Gestern waren wir bei der Krimitante zu Besuch. Sie hat in Schinken gewickelte Bananen gebacken. Es hat gut geschmeckt. Der Schinken und die Bananen roh und separat hätten uns aber besser geschmeckt. Die Krimitante war früher unsere Nachbarin. Am Samstag gehen wir zu ihr Pute essen. Sie wird fünfunddreißig Jahre alt. Nicht die Pute, sondern die Krimitante. Ich hab endlich ein Fahrrad bekommen. Es gefällt mir sehr gut. Ich hab die ganze Nacht vom Fahrrad geträumt, hat die Mama gesagt. Ich habe aber nichts gemerkt. Die Ingrid kann jetzt auch ganz gut radfahren, aber sie begreift das mit der Vorfahrt rechts nicht.

Die Mama schreibt jetzt weiter.

Viele, viele Pussi

Uwe

Beim Einkaufen

Ich muß aus dem Haus, sagt die Mutter, die Wände fallen auf mich. Lange halte ich das hier im Heim nicht mehr aus.

Sie holt zwei Plastikbeutel und Geld, sie will einkaufen gehen. Ingrid und Uwe gehen mit.

Auf der Straße begegnen sie der Frau Prochazka. Die Mutter bleibt stehen, um mit der Frau Prochazka zu sprechen. Sie gibt Uwe den Zettel, auf dem draufsteht, was sie alles brauchen. Auch Geld gibt sie ihm. Die Kinder ziehen los.

Als die Mutter kurz darauf zum Geschäft kommt, steht Ingrid vor dem Eingang und heult.

Was ist passiert? fragt die Mutter.

Uwe läßt mich nicht den Einkaufswagen schieben. Ich muß immer neben dem Wagen stehen und auf unsere Sachen aufpassen, aber einkaufen darf ich nicht. Ich bin zu klein, um den Wagen zu schieben, sagt er, aber zum Aufpassen bin ich groß genug!

Ingrid weint so bitterlich, daß sich die Leute nach ihr umdrehen.

Das nächstemal schiebst du den Wagen, sagt die Mutter.

Auch das übernächstemal, schluchzt Ingrid.

Wenn Ingrid weint, dann weint sie. Da hilft nur eines: Die Mutter muß sie ablenken.

Sie fragt: Weißt du, warum die Frau Prochazka nicht nach Rumänien fährt?

Natürlich weiß Ingrid das nicht. Sie schüttelt den Kopf.

Die Frau Prochazka und ihr Mann, sagt die Mutter, wollen sich einen neuen Mercedes kaufen und dann erst nach Rumänien fahren. Solche Angeber! In Rumänien hatten sie nicht einmal ein Fahrrad, und jetzt brauchen sie unbedingt einen Mercedes.

Aber warum sollen sie sich keinen kaufen? schnieft Ingrid.

Weil sie wenig verdienen und sich einen solchen Wagen nicht leisten können. Die werden nur Kartoffeln essen und in Kleidern aus der Kleiderkammer von der Caritas herumlaufen, bis der Mercedes abbezahlt ist!

Dann will ich keinen Mercedes, sagt Ingrid.

Mach dir keine Sorgen, wir kaufen keinen, sagt die Mutter. Die Bekannten von der Frau Prochazka in Rumänien werden denken, hier sei das Schlaraffenland.

Uwe erscheint mit dem vollen Einkaufswagen.

Jetzt sagst du bestimmt, ich bin schuld dran, daß die Ingrid geheult hat, sagt Uwe zur Mutter.

Aber ich hab ja noch gar nichts gesagt, sagt die Mutter.

Ich hab die Ingrid dreimal um Fischstäbchen geschickt, und sie hat sie nicht gefunden, sagt Uwe.

Du hast sie auch nicht gleich gefunden, sagt Ingrid.

Der Streit geht von neuem los.

Wenn ihr jetzt nicht gleich aufhört, dann hau ich euch allen beiden eine runter, sagt die Mutter.

Ingrid fängt wieder an zu weinen. Sie ist beleidigt.

Uwe schluckt und schluckt und sieht angestrengt in die Schaufenster.

Schweigend gehen sie nach Hause.

Ihr seid so überempfindlich, und ich bin so nervös, sagt die Mutter im Treppenhaus. Ingrid faßt nach ihrer Hand. Uwe kehrt ihr den Rücken zu.

Als der Vater ihnen die Tür öffnet, sagt er: Was ist denn los mit euch?

Die Frau Prochazka will einen Mercedes kaufen, sagt die Mutter, und dann beginnt auch sie zu weinen. Sie ist fix und fertig mit den Nerven. Ingrid und Uwe sind erschrokken. Sie verstehen nicht, warum die Mutter weint.

Das erklär ich euch später, sagt der Vater. Er nimmt die Mutter in die Arme und streichelt sie.

Das Heimatorttreffen

Die Eltern von Ingrid und Uwe haben einen Gebrauchtwagen gekauft. Die erste größere Fahrt mit dem Wagen machen sie zu einem Heimatorttreffen.

Es ist ein heißer Tag im Juni.

Ingrid wird es vom Autofahren gleich übel. Sie muß sich hinlegen. Uwe drängt sich von hinten zwischen die Vordersitze. Er ist begeistert vom Autofahren. Am liebsten würde er den ganzen Nachmittag im Wagen verbringen. Aber die Mutter will nichts davon wissen. Also gehen beide Kinder in die Gaststätte mit, wo das Heimatorttreffen stattfindet.

In der Gaststätte sind ganz viele Menschen. Die Eltern kennen viele von ihnen. Ingrid und Uwe kennen nur sehr wenige. Alle diese Menschen haben früher in dem Heimatort von Ingrids und Uwes Großeltern gelebt.

Beim Heimatorttreffen sind fast nur alte Leute. Kinder sind nur ganz wenige da.

Die meisten Leute essen Kuchen und trinken Kaffee.

Ein alter Herr begrüßt die Landsleute aus dem alten Heimatort. Ein anderer Mann liest Gedichte vor, die er selbst geschrieben hat. Sie handeln von der lieben alten und von der lieben neuen Heimat.

Jemand klopft öfter mit einem Löffelchen an ein Glas, weil die Leute in der Gaststätte nicht still sind.

Der alte Herr, der die Leute begrüßt hat, hält eine Rede. Zuerst schimpft er über die Rumänen, dann erzählt er von früher.

Wie schön war es, sagt er, als Arbeitgeber und Arbeitnehmer in unserer alten Heimat zusammen gearbeitet und zusammen gefeiert haben.

Die alte Frau, die neben der Mutter sitzt, sagt leise: Also ich erinner mich nur an das Schuften. Ich erinner mich auch daran, daß die Henning Mitzi mit unsereins gar nicht geredet hat, als sie die Fabrik noch hatte.

In der Erinnerung ist vieles besser und schöner, als es in Wirklichkeit war, flüstert die Mutter zurück.

Ingrid und Uwe löffeln Eis. Die Mutter hat ihnen eine ganz große Portion Eis bestellt, damit sie still sind.

Der Vater und noch andere Männer, die neben der Tür sitzen, schleichen sich aus dem Saal hinaus.

Die Mutter spricht mit der alten Frau, die neben ihr sitzt.

Der Redner klopft wieder mit dem Löffelchen ans Glas.

Ingrid und Uwe sind fertig mit dem Eis.

Wollt ihr Kuchen? fragt die Mutter.

Ingrid und Uwe wollen keinen Kuchen.

Wie lange dauert das hier noch? fragt Uwe.

Das weiß ich nicht, antwortet die Mutter.

Sie schickt die Kinder hinaus zum Vater.

Der Vater ist mit den anderen Männern in einem Nebenzimmer bei einem Glas Bier. Sie unterhalten sich über die Arbeit, die sie haben oder die sie haben möchten, über Autos, die sie gekauft haben oder kaufen möchten, über Häuser, die sie gebaut haben oder bauen möchten. Sie sprechen über Fahrten nach Rumänien, und sie sprechen auch über ihre Kinder.

Fast alle haben die Kinder zu Hause gelassen. Für Kinder sind Heimatorttreffen langweilig, auch wenn es ganz große Portionen Eis gibt.

Fahren wir noch nicht? fragt Uwe den Vater.

Gleich, gleich, verspricht der Vater.

Im großen Saal der Gaststätte haben die Reden aufgehört, und nun können die Leute ungestört miteinander sprechen.

Ingrid und Uwe spielen mit noch zwei Kindern Fangen zwischen Stühlen, Tischen und Menschen, bis die Mutter sie ruft.

Dann fahren sie nach Hause.

Das nächstemal komm ich nicht mit, sagt Uwe.

Du mußt auch nicht mitkommen, sagt die Mutter.

Die Neue

An einem Morgen, als Ingrid in die Schule kommt, steht ein Mädchen mit ihrer Mutter vor der Klassentür.

Die Frau Müller holt das Mädchen in die Klasse.

Das ist Kerstin, sagt sie.

Die Kinder sagen: Hallo, Kerstin!

Viele Kinder fragen sie: Willst du meine Freundin sein?

Ingrid sagt nichts. Sie bleibt auf ihrem Platz.

In der Pause gehen alle Kinder in den Hof.

Nach der Pause fehlt Kerstin.

Ingrid geht auf den Korridor hinaus und sucht sie. Sie findet Kerstin vor dem Lehrerzimmer. Kerstin weint, weil sie die Klasse nicht mehr findet.

Die Frau Müller setzt Kerstin neben Ingrid.

In der nächsten Pause gehen Kerstin und Ingrid Hand in Hand durch die Schule. Ingrid zeigt Kerstin die Schule: die Klassen, den Turnsaal, das Lehrerzimmer und das Klo.

Ingrid kommt glückstrahlend nach Hause.

Wir haben eine Neue in der Klasse, sagt sie zur Mutter.

Wie heißt sie? fragt die Mutter.

Sie heißt Kerstin, sagt Ingrid. Wir sitzen nebeneinander. Jetzt hab ich endlich eine Freundin.

Ingrids Brief

Ingrid diktiert ihrer Mutter einen Brief an die Großeltern.

Liebe Griesi und lieber Otata!

Die Kinder spielen in der Schule immer Fangen, aber der Kerstin gefällt Fangen nicht. Ich bleib immer bei ihr, dann hab ich die Kerstin für mich allein. Die Kerstin hat lange blonde Haare und blaue Augen. Morgen kommt sie zu mir, und übermorgen geh ich zu ihr.

Die Kerstin kann alle Buchstaben so wie ich. Ich kann alle gedruckt schreiben, groß und klein. Ich kann schon ein so langes Wort wie Himbeermarmelade schreiben.

In der Schule ist es sehr, sehr schön.

Ich denk viel an Euch, und ich hab Heimweh, denn ich hab Euch sehr lieb.

Zum Geburtstag hab ich eine Puppe gekriegt. Sie ist wie ein Baby. Sie läßt den Kopf so hübsch auf meine Schulter hängen.

Auf dem Geburtstag bei der Krimitante war es sehr schön. Ich hab die Leber von den beiden Puten gegessen.

Wie geht es Euch? Wie geht es Foxi? Wann kriegt sie wieder Junge? Wenn sie ihre Jungen gekriegt hat, dann schickt mir bitte ein Foto von ihnen.

Viele Pussi

Eure Ingrid

Fahrstuhlfahren

Ingrid geht zu Kerstin.

Kerstin wartet vor dem Haus auf sie. Kerstin wohnt in einem Studentenheim. Ihre Mutter ist Studentin. Sie heißt Eli.

Kerstin und Eli freuen sich, daß Ingrid zu Besuch kommt.

Sie wohnen im zweiten Stock.

Kerstin macht immer einen Umweg über den zehnten Stock, wenn sie nach Hause geht, weil sie so gerne mit dem Fahrstuhl fährt. Sie fährt jeden Tag mindestens einmal in den zehnten Stock.

Auch Ingrid gefällt das Fahrstuhlfahren. Wenn Ingrid allein im Fahrstuhl ist, geht er nicht los. Sie ist zu leicht. Also muß Kerstin Ingrid begleiten, wenn Ingrid nach Hause geht. Sie begleitet sie auf dem Umweg über den zehnten Stock.

Als Kerstin die Windpocken bekommt, kann Ingrid nicht mehr Fahrstuhlfahren.

Sie muß die Treppen hochsteigen, wenn sie Kerstin besucht.

Sie besucht Kerstin jeden Tag, denn sie hat die Windpocken schon gehabt. Kein anderes Kind darf zu Kerstin außer Ingrid.

Ingrid hat es immer eilig, wenn sie zu Kerstin will.

Sie rennt die Treppen hoch.

Bist du die Treppen hochgelaufen? fragt Kerstin.

Ja, sagt Ingrid.

Wenn ich groß bin, sagt Kerstin, erfinde ich eine Menge Fahrstühle. Zum Beispiel einen Fahrstuhl mit Stühlen drin.

Und ich erfinde einen Fahrstuhl, sagt Ingrid, mit dem man nicht nur rauf- und runterfahren kann, sondern auch nach vorn und nach hinten.

Ingrid und Kerstin erfinden noch viele Fahrstühle. Einige sehen wie Straßenbahnen aus, andere wie Seilbahnen.

Dann muß Ingrid nach Hause gehen.

Soll ich dich mit dem Fahrstuhl runterbringen? fragt Eli.

Nein, sagt Ingrid.

Sie läuft die Treppen hinunter.

Sie will erst dann wieder Fahrstuhl fahren, wenn Kerstin wieder gesund ist. Das hat sie ihr versprochen.

Eine Geschichte mit gutem Ende

Uwe muß für den Deutschunterricht auf folgende Frage antworten: Findest du es gut, wenn die Mutter arbeiten geht?

Uwes Eltern sind immer beide arbeiten gegangen. In Rumänien ist das bei fast allen Familien so.

Wenn Ingrid und Uwe aus der Schule kamen, war nie jemand zu Hause. Uwe trug den Hausschlüssel an einer Schnur unter dem Hemd, und zu Mittag mußte er das Essen für sich und Ingrid selbst wärmen.

Jetzt sind die Eltern immer da. Sie haben plötzlich viel Zeit für Uwe und Ingrid. Sie gehen zusammen spazieren, sie gehen ins Schwimmbad, sie machen Ausflüge.

Die Mutter liest ihnen jeden Abend Geschichten vor. Uwe und Ingrid wünschen sich jedesmal eine Geschichte mit gutem Ende.

Es ist schön, wenn die Eltern zu Hause sind.

Uwe weiß, daß sie eines Tages wieder arbeiten gehen werden.

Er schreibt in sein Heft: Ich finde es gut, wenn einer von den Eltern arbeiten geht und der andere zu Hause ist. Wer zu Hause bleibt, ist mir egal.

Das werde wohl ich sein, sagt die Mutter. Als Deutschlehrerin habe ich keine Chance, eine Stelle zu finden. Wenn euer Vater eine Stelle bekommt und wir aus dem Übergangswohnheim wegziehen können, dann ist unsere Geschichte trotzdem eine Geschichte mit gutem Ende.

Vorläufig ist die Geschichte aber noch nicht zu Ende.

Nachwort

Vor etwa achthundert Jahren sind viele Menschen aus dem deutschsprachigen Raum nach Siebenbürgen (heute Rumänien) ausgewandert. Die deutschen Kolonisten bekamen in Siebenbürgen Land zugeteilt. Als Gegenleistung mußten sie die Landesgrenzen vor den Eroberungsabsichten der Kumanen, Petschenegen und Tataren schützen und die wirtschaftliche Entwicklung des Landes fördern.

Die ersten deutschen Siedler wurden in den lateinischen Urkunden »Saxones« genannt. Von diesem Wort wird der Name der größten deutschen Volksgruppe, die in Siebenbürgen lebt, abgeleitet: die Siebenbürger Sachsen.

Im Laufe der Jahrhunderte kamen viele deutsche Kolonisten nach Siebenbürgen.

Am Anfang des 18. Jahrhunderts riefen die Habsburger Kolonisten ins Banat (Rumänien). Das Banat gehörte damals zu Österreich. Die Siedler kamen aus dem Schwabenland, aber auch aus anderen Gebieten, aus dem Elsaß und aus Österreich. Sie sind als Banater Schwaben oder Donauschwaben bekannt.

Die Siebenbürger Sachsen und die Banater Schwaben sind die zwei größten Volksgruppen der Rumäniendeutschen.

Die Rumäniendeutschen sind in Rumänien nach den Ungarn die zweitgrößte Minderheit.

In den letzten Jahren sind viele von ihnen in die Bundesrepublik ausgewandert.

Zur Auswanderung kam es so:

Im Zweiten Weltkrieg trat Rumänien an der Seite Deutschlands in den Krieg. Deutsche Truppen marschierten in Rumänien ein und wurden von einem Großteil der deutschen Bevölkerung mit Jubel begrüßt.

Im Spätsommer 1944 marschierten sowjetische Truppen in Rumänien ein. Damit war der Krieg für Rumänien zu Ende, aber im Januar 1945 mußten fast alle arbeitsfähigen Rumäniendeutschen zum Wiederaufbau in die Sowjetunion.

Die ersten Rücktransporte von dort kamen in die sowjetische Besatzungszone. Ein Teil der Rumäniendeutschen kehrte nach Rumänien zurück. Viele wechselten in die amerikanische, englische oder französische Besatzungszone über. Ihre Familien kamen im Laufe der Jahre nach. Seit 1978 gibt es ein Abkommen zwischen Rumänien und der Bundesrepublik, daß jährlich elftausend Rumäniendeutsche auswandern können. Die Hälfte der Rumäniendeutschen lebt heute in der Bundesrepublik.

Inhalt

Bücher für Kinder

Karin Gündisch

Geschichten über Astrid

In vielen kurzen Abschnitten erzählt Karin Gündisch die Geschichte von Astrid aus einem kleinen Dorf in Siebenbürgen (Rumänien). Es sind warme und schöne Erlebnisse, aus der Schule, mit den Eltern, den Freundinnen. Ausgezeichnet mit dem Peter Härtling-Preis für Kinderliteratur. Mit Bildern von Angelika Schuberg.

116 Seiten, Pappband (80149) *ab 7*

Erwin Moser

Katzenkönig Mauzenberger

In dieser Geschichte kommt vor: eine alte Burg, ein unglücklicher Katzenkönig, drei sonderbare Diebe, ein schreckliches Labyrinth, ein großer Schatz, eine riesige Spinne, eine Gewittermaschine, ein Fliegerpilz und ein überraschendes Ende.

Mit Zeichnungen von Erwin Moser.

228 Seiten, Pappband (80161) *ab 8*

Benno Pludra

Das Herz des Piraten

Am Strand eines nördlichen Meeres findet Jessika einen Stein, und sie findet damit das Herz des Piraten. Mit diesem Stein kann sie sprechen, ihm anvertrauen, was sie bewegt. Einen Vater hat Jessika nicht. Sie hat ihn nie kennengelernt, den Reiter und Schwertakrobaten Jakko mit den glühkohlschwarzen Augen.

Mit Bildern von Jutta Bauer.

172 Seiten, Pappband (80153) *ab 10*

Mirjam Pressler

Katharina und so weiter

Weil Katharinas Mutter von morgens bis abends Gardinen verkauft, ist Katharina nach der Schule bei der Tauben-Oma. Und alles ist ganz normal: Katharina ißt Pfannkuchen, Katharina fühlt sich manchmal einsam, prügelt sich mit Berti, schmust mit ihrer Mutter und kann manchmal den Mund nicht halten.

Mit Bildern von Edith Lang.

148 Seiten, Pappband (80135) *ab 7*

BELTZ & Gelberg

Beltz Verlag, Postfach 11 20, 6940 Weinheim

86023-22.10.-117